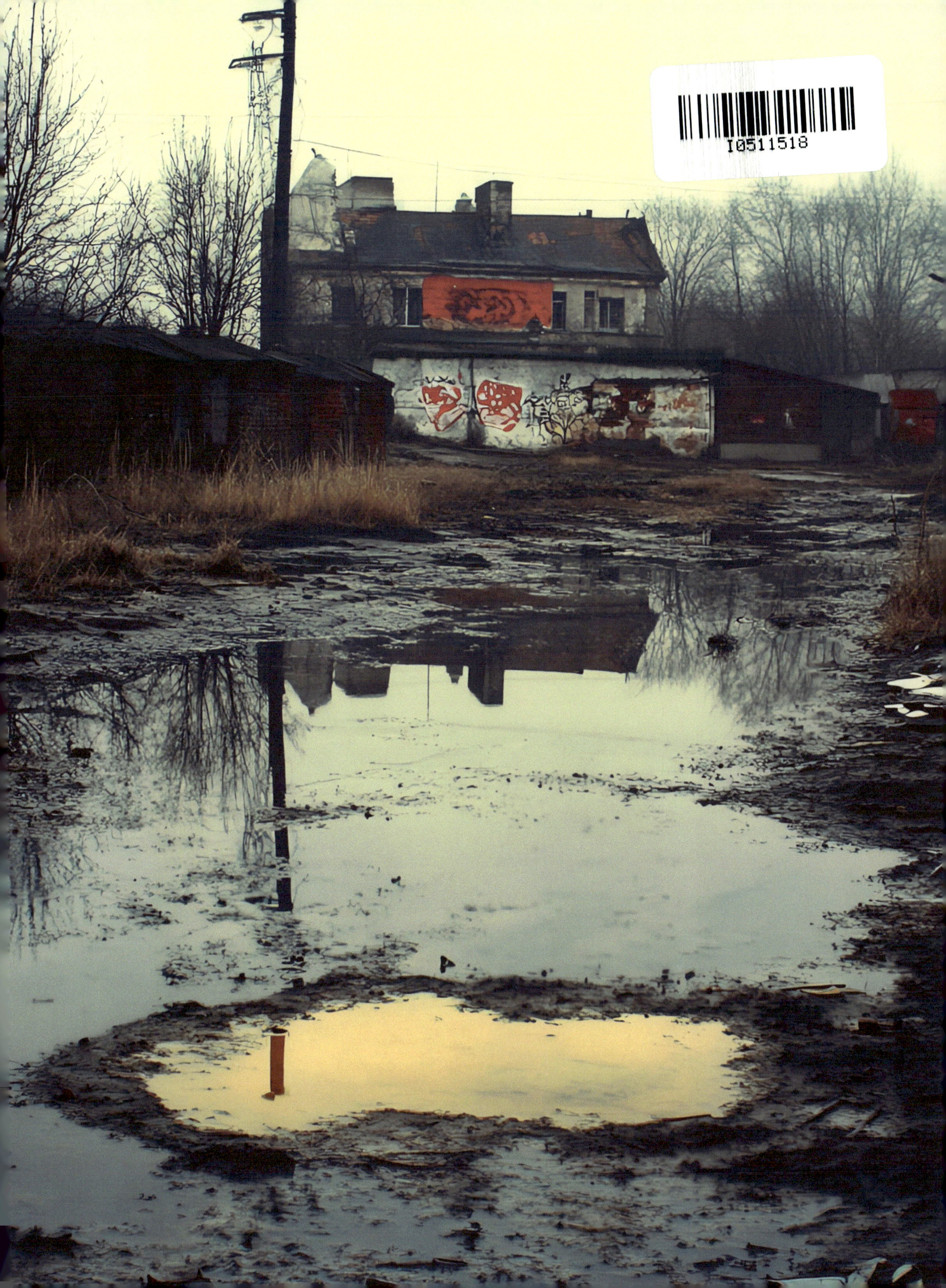

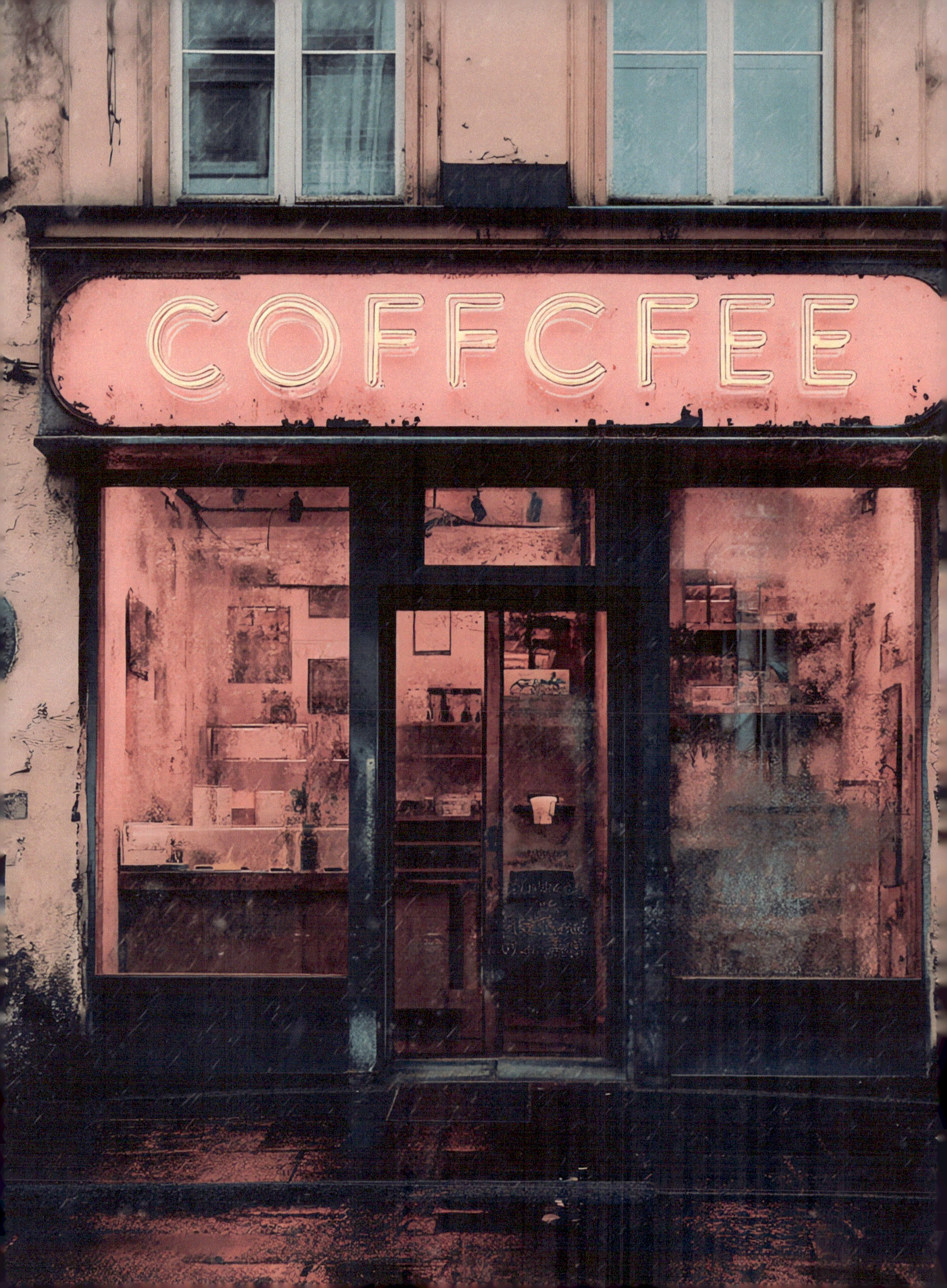
COFFCFEE

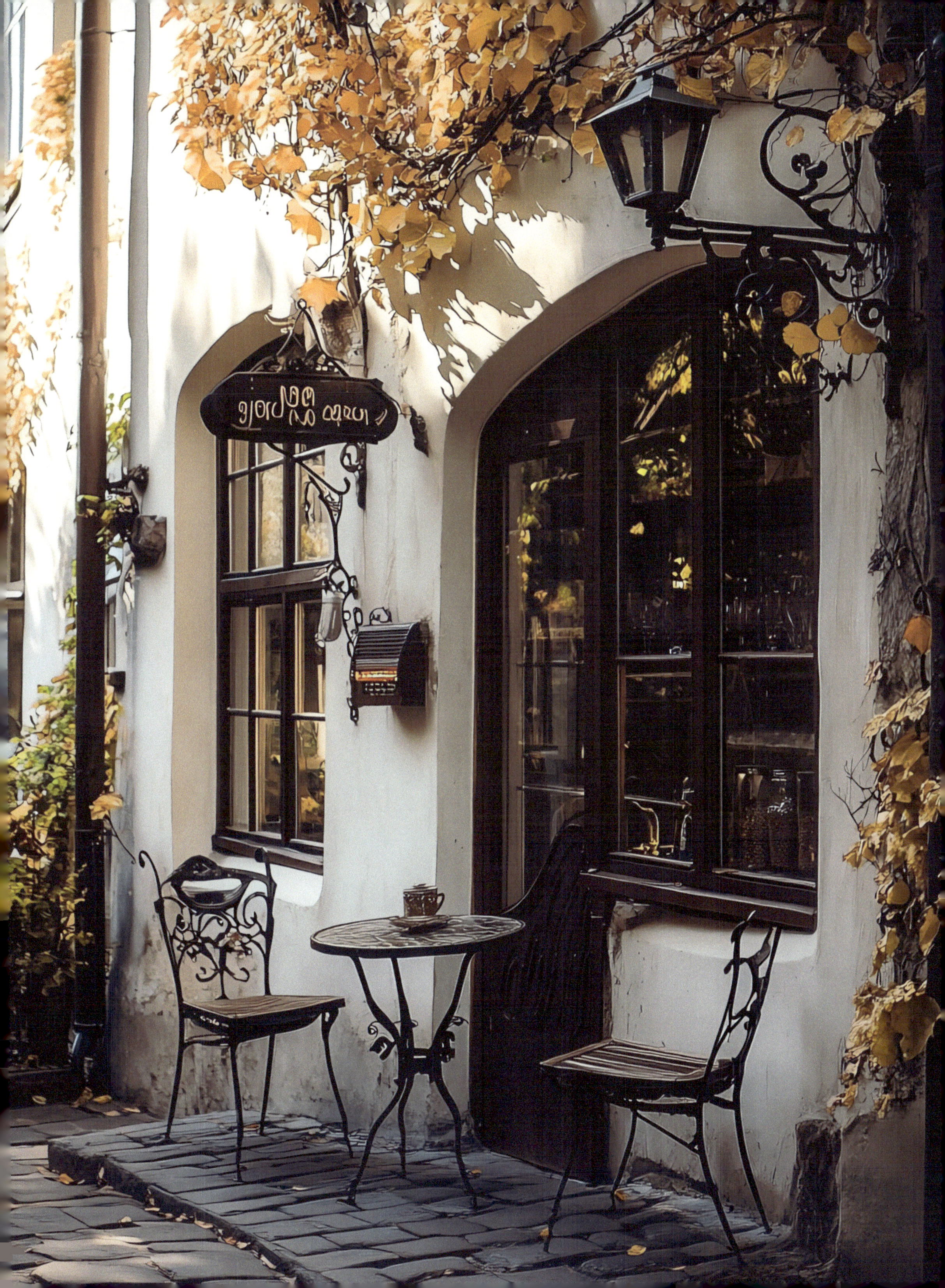

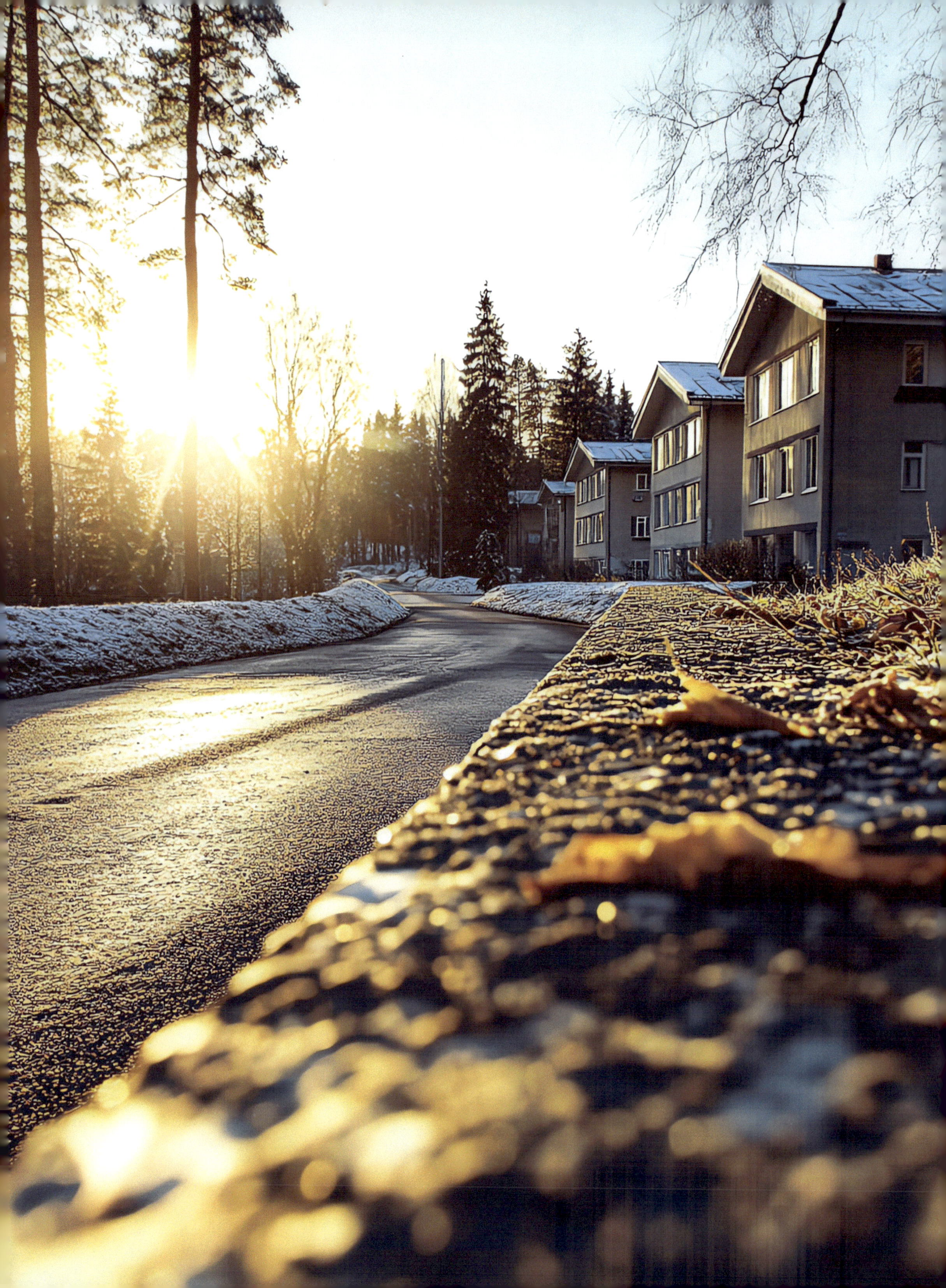

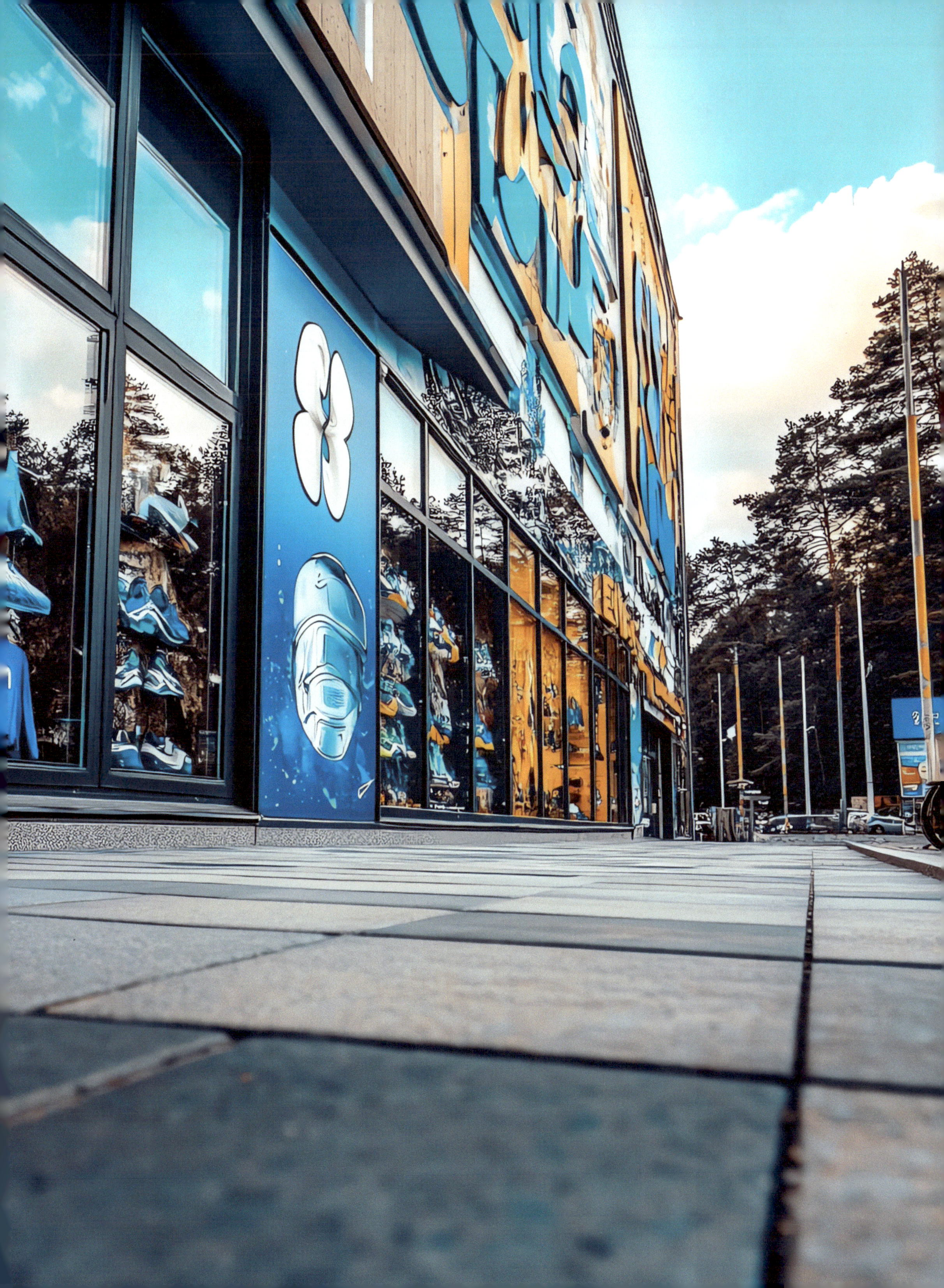

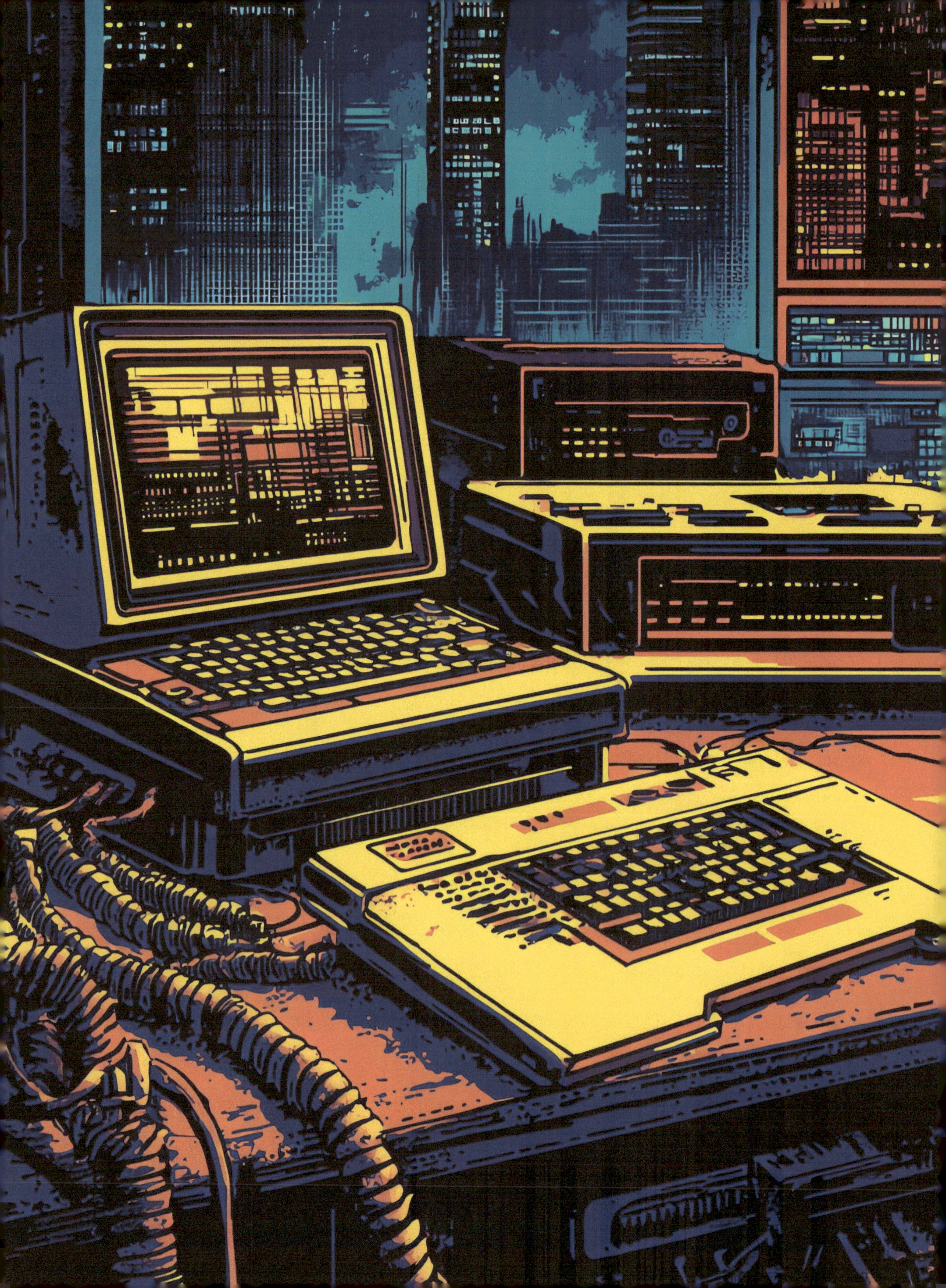

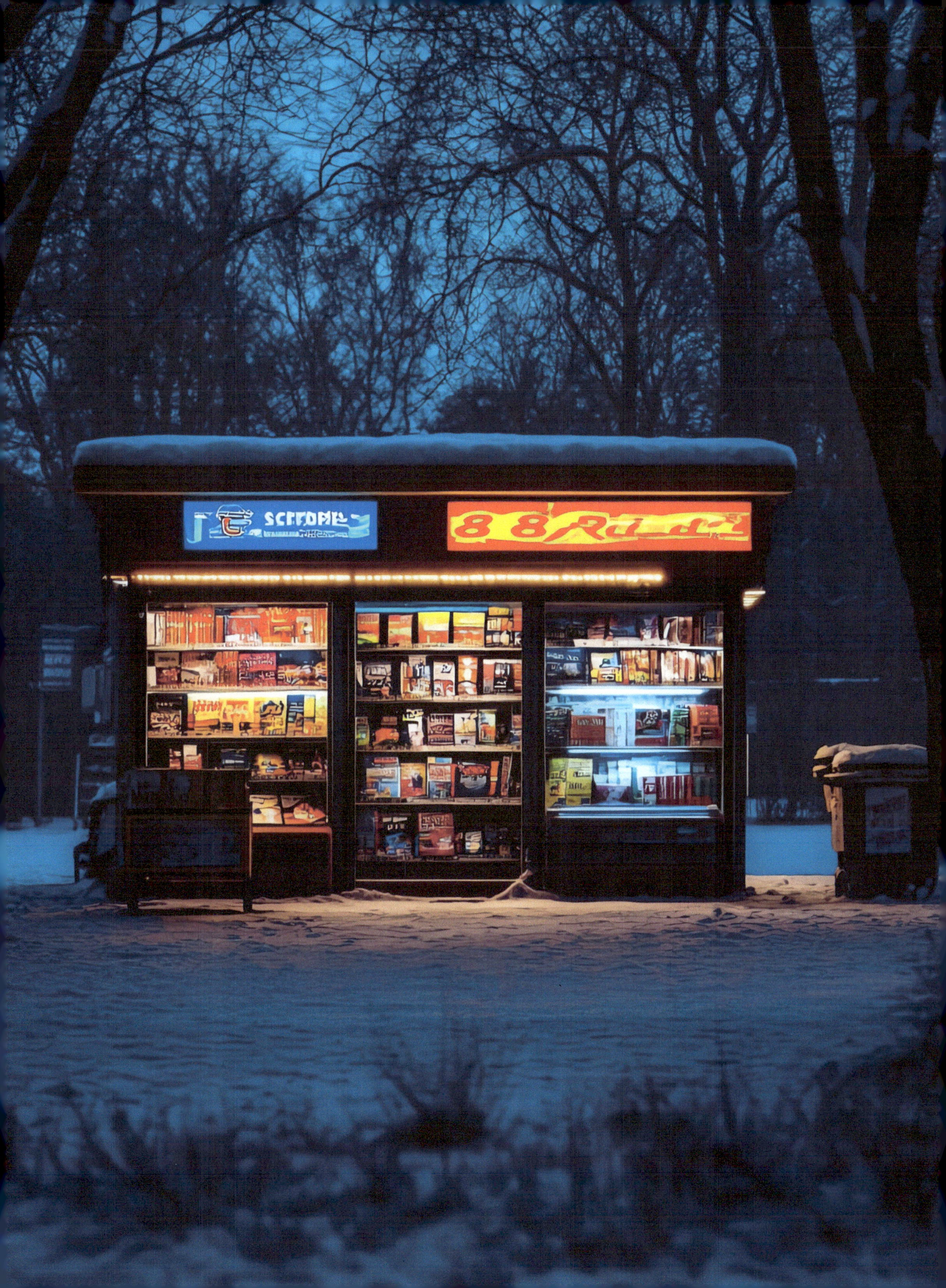

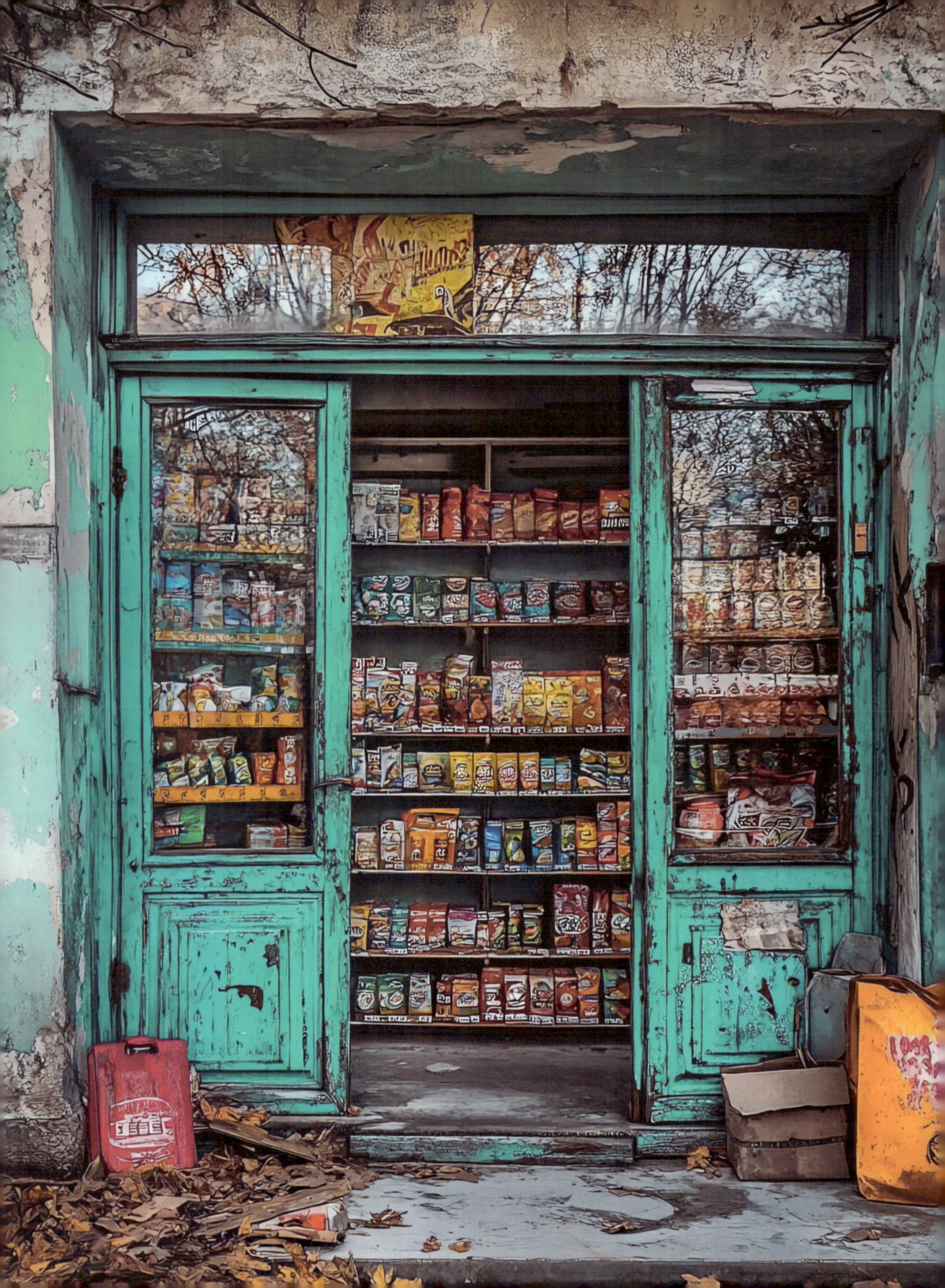

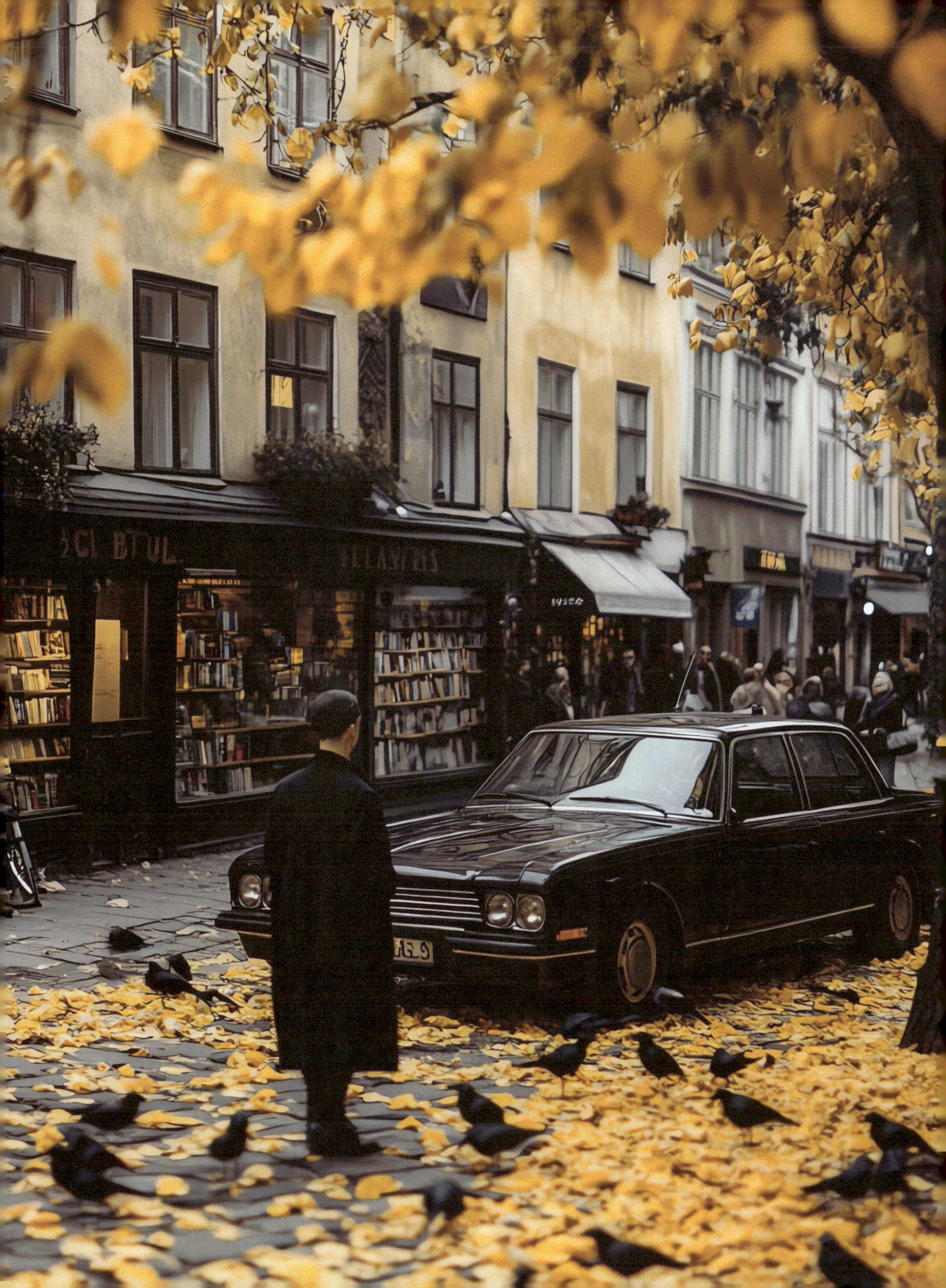

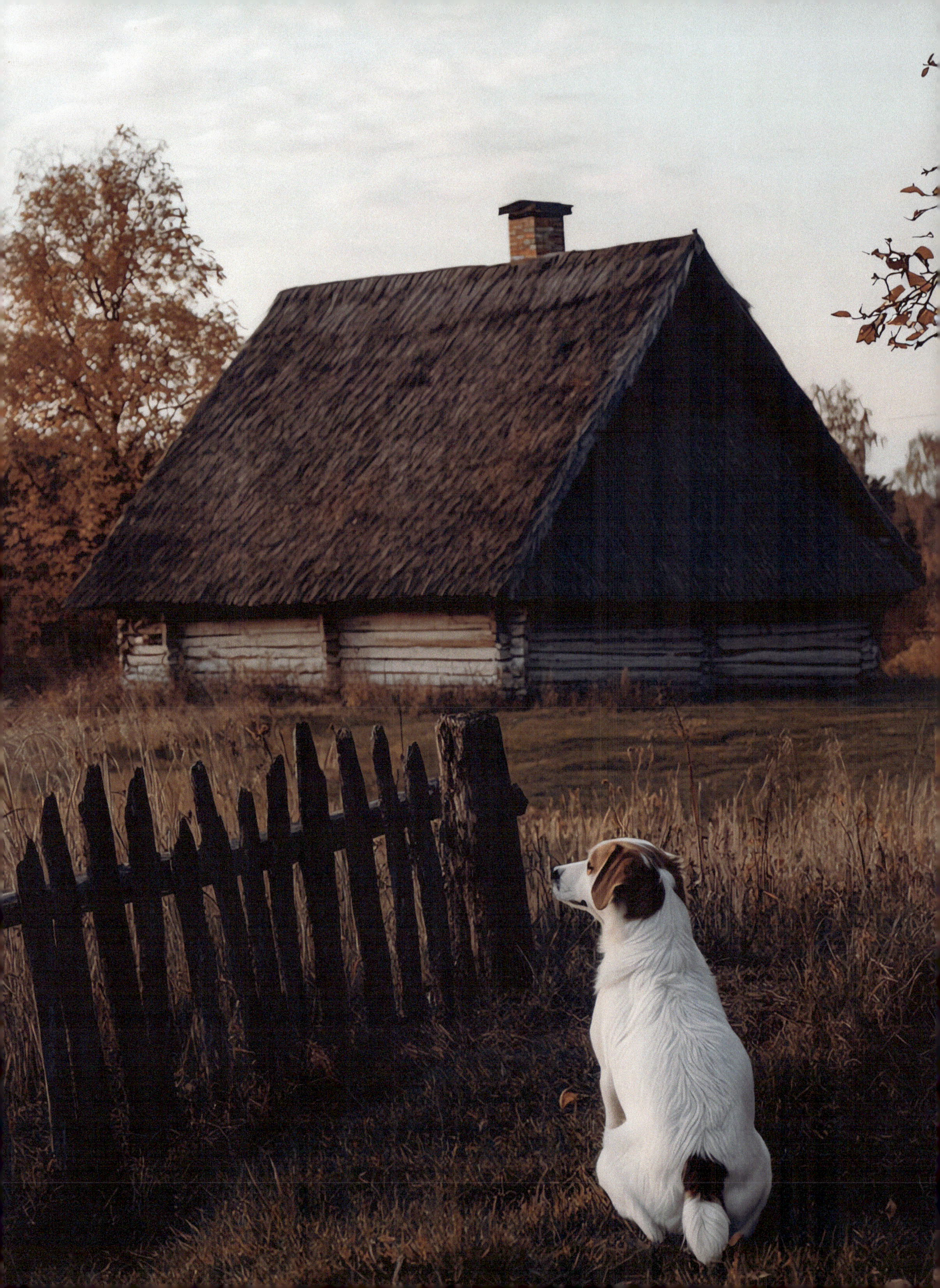

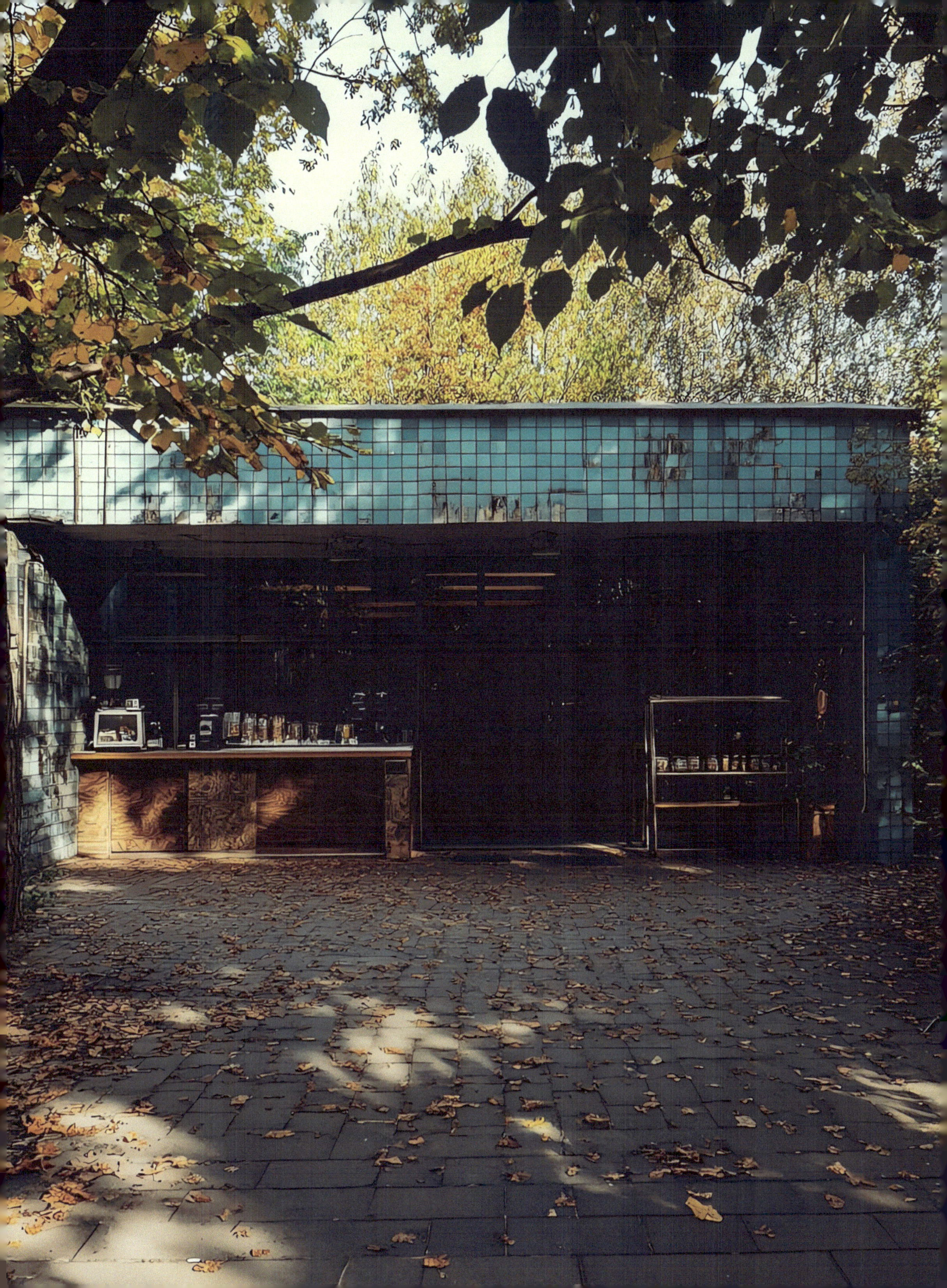

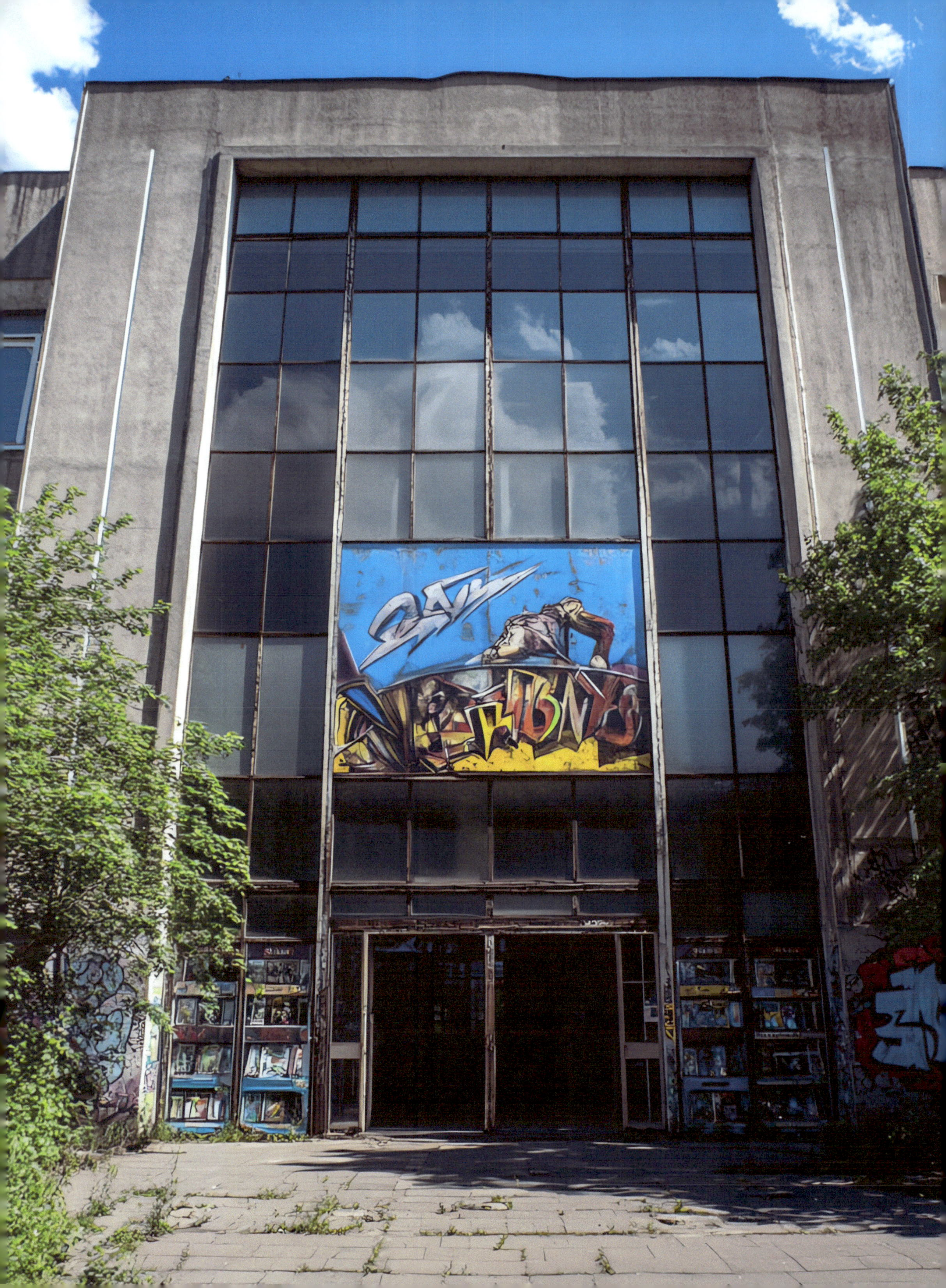

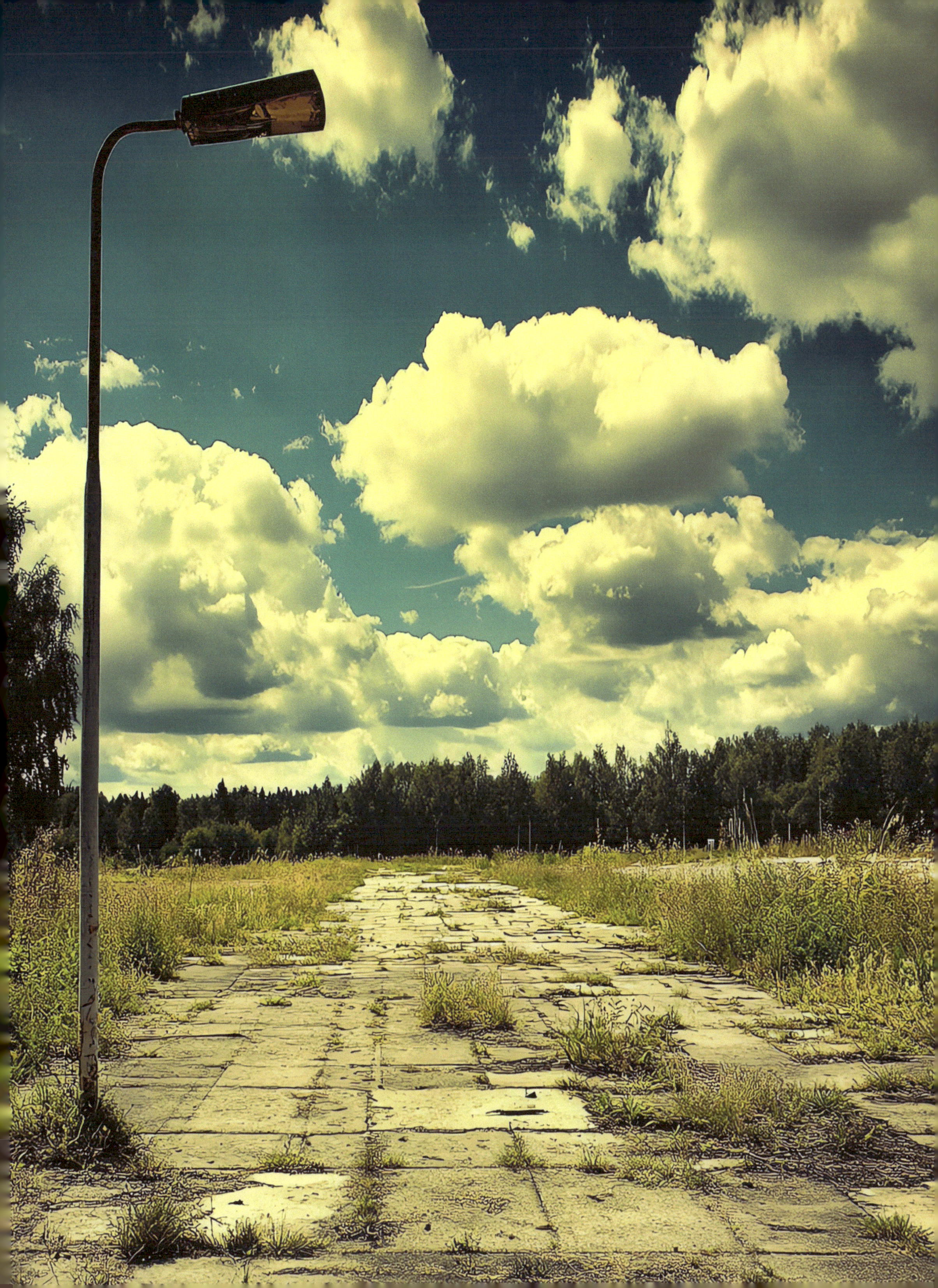

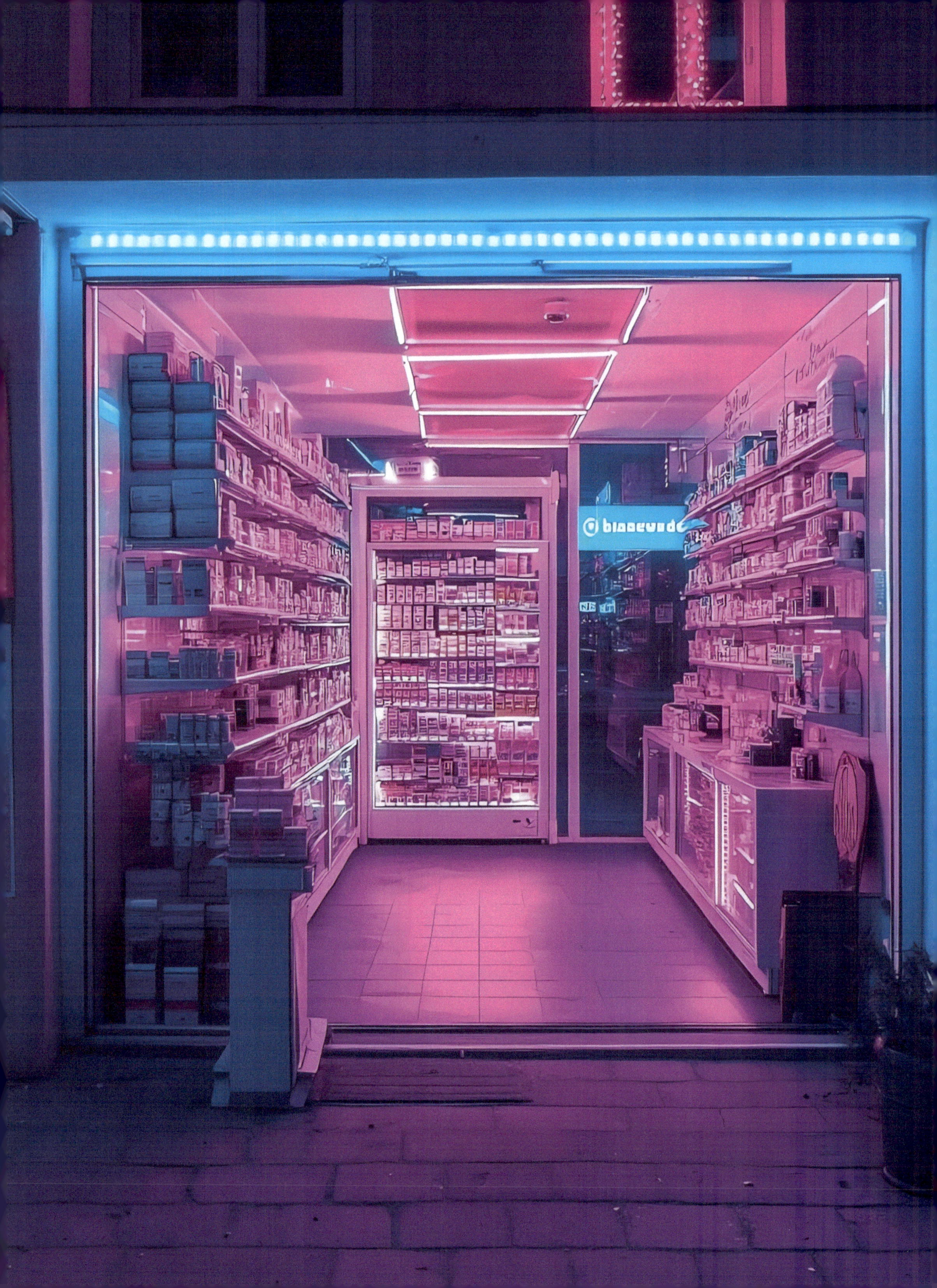

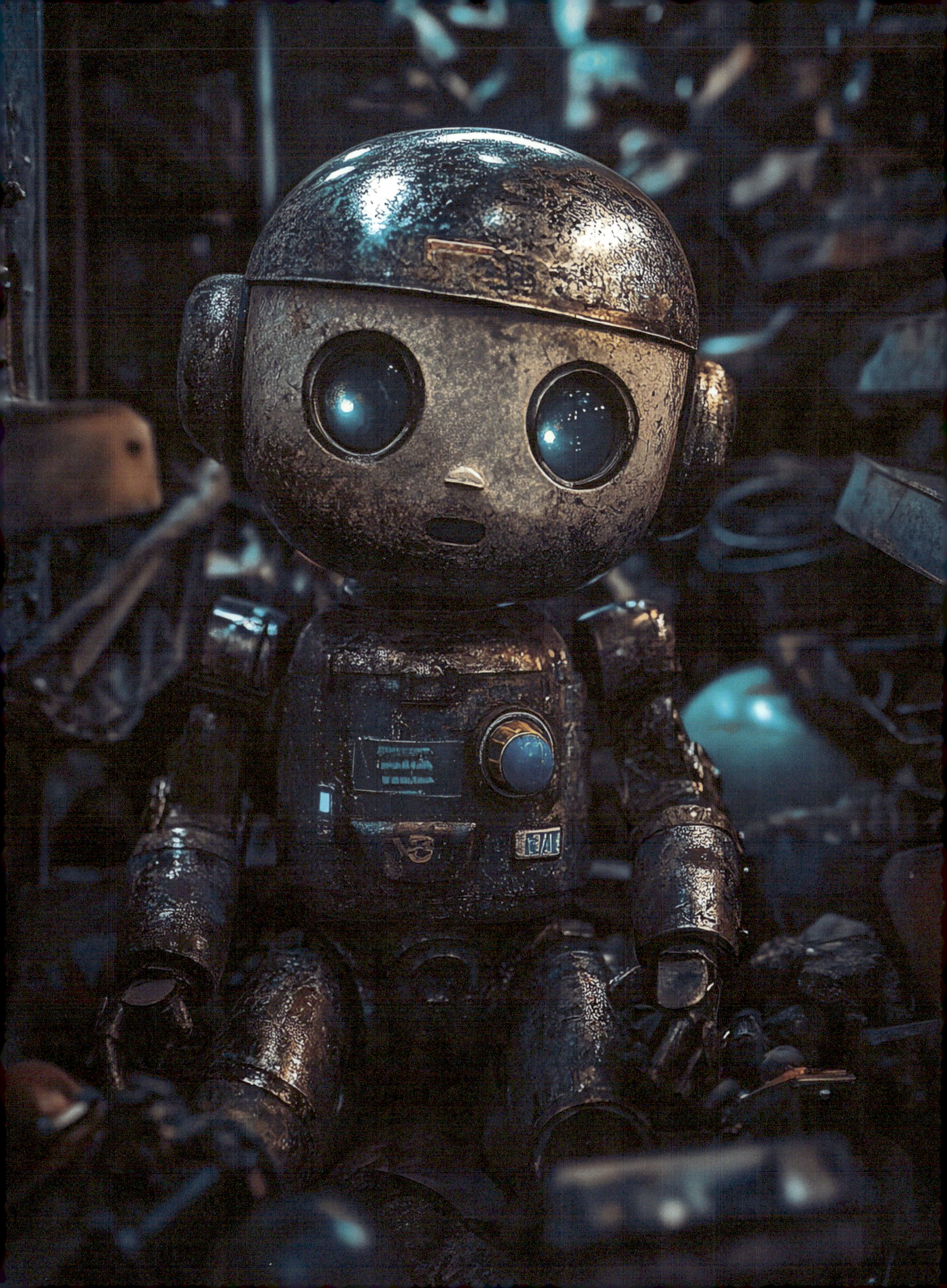

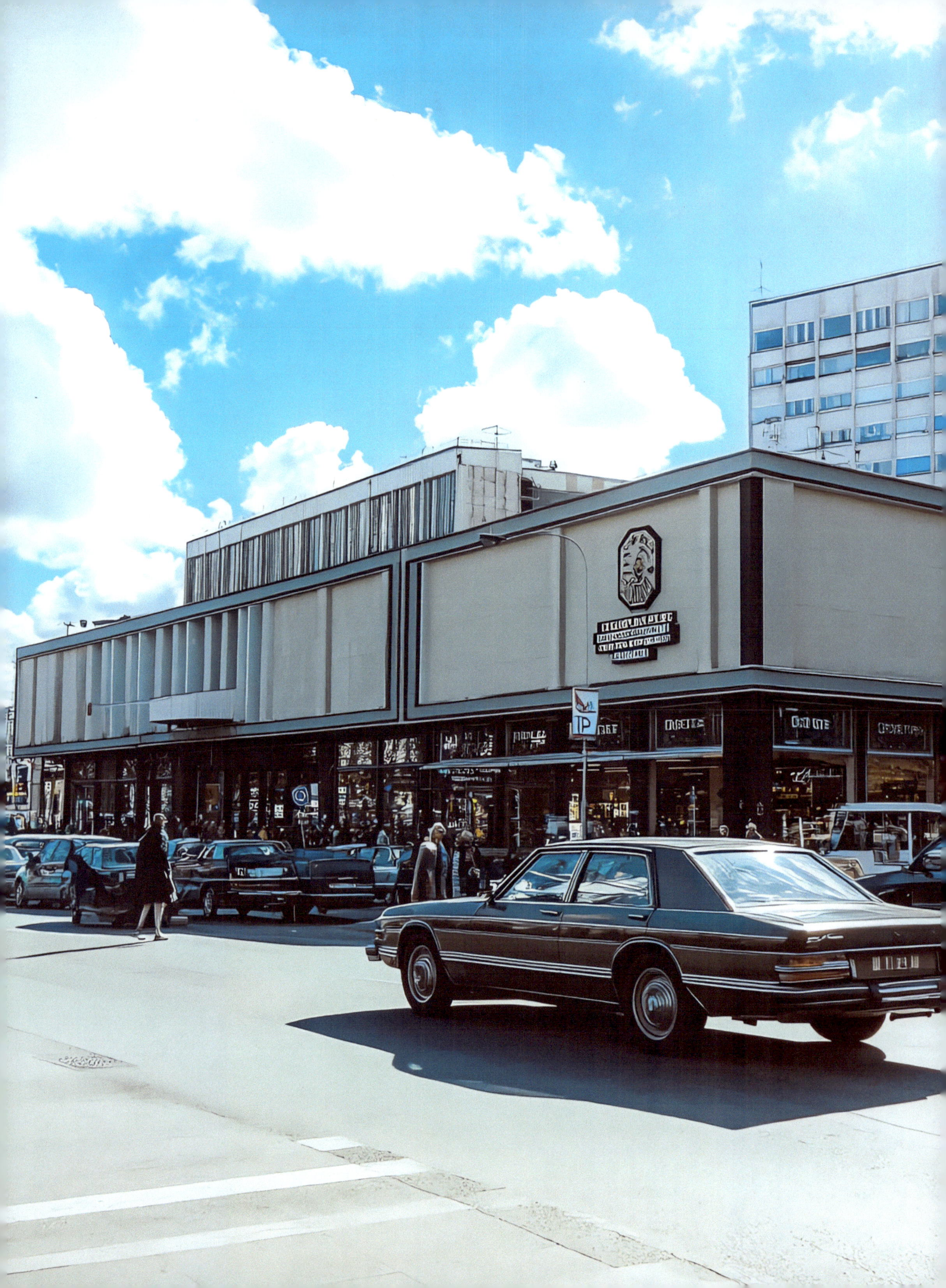

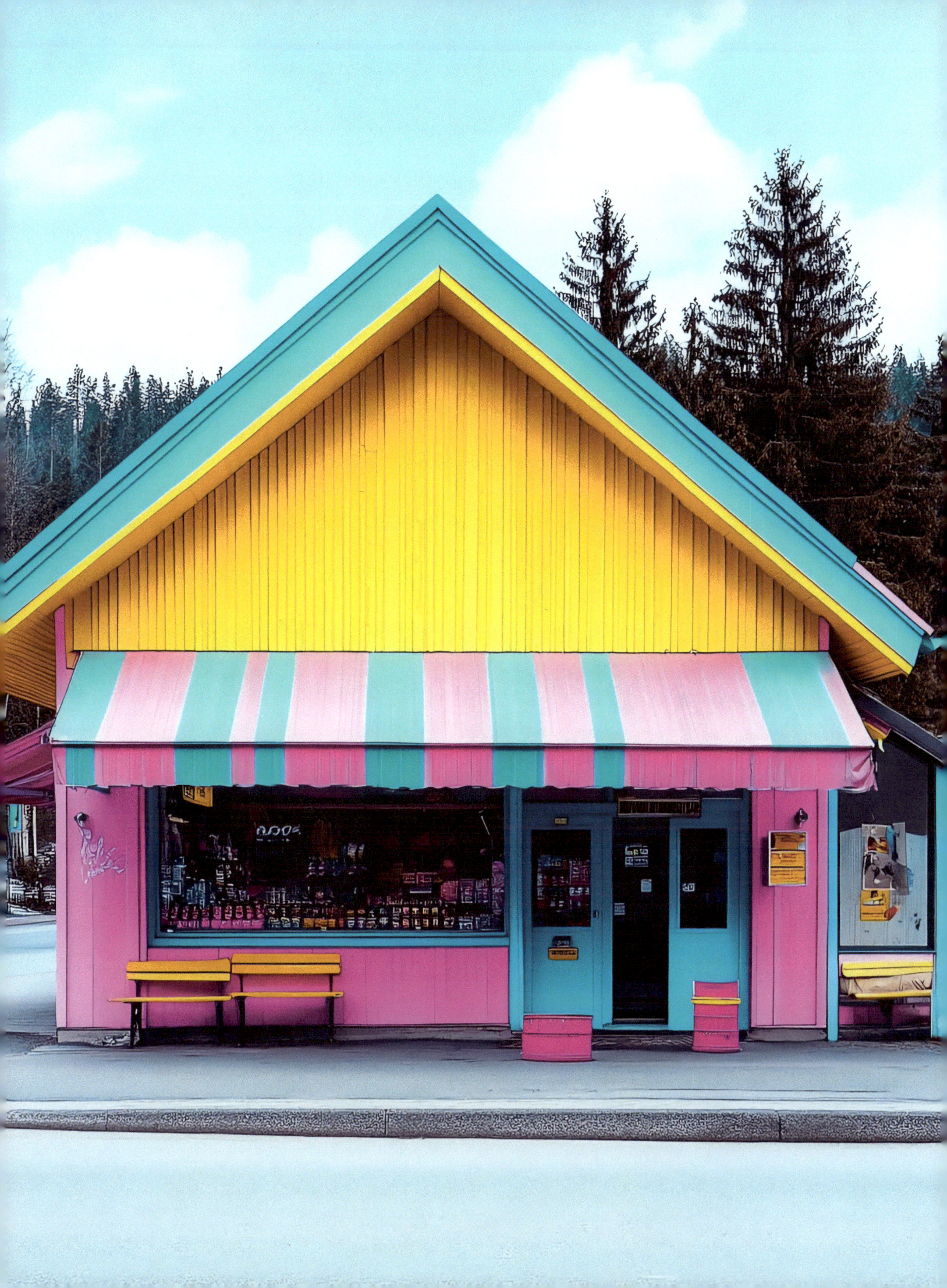

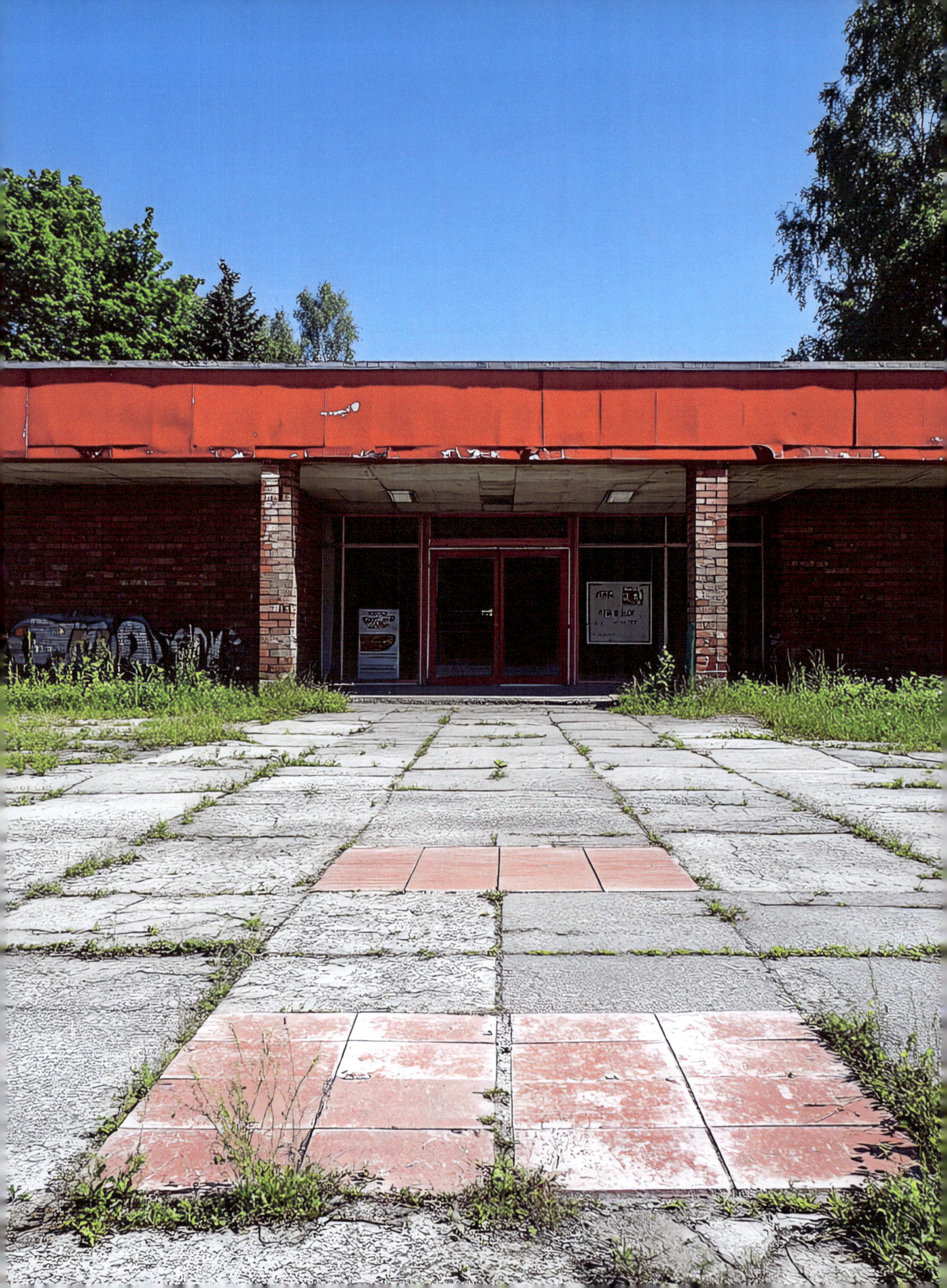

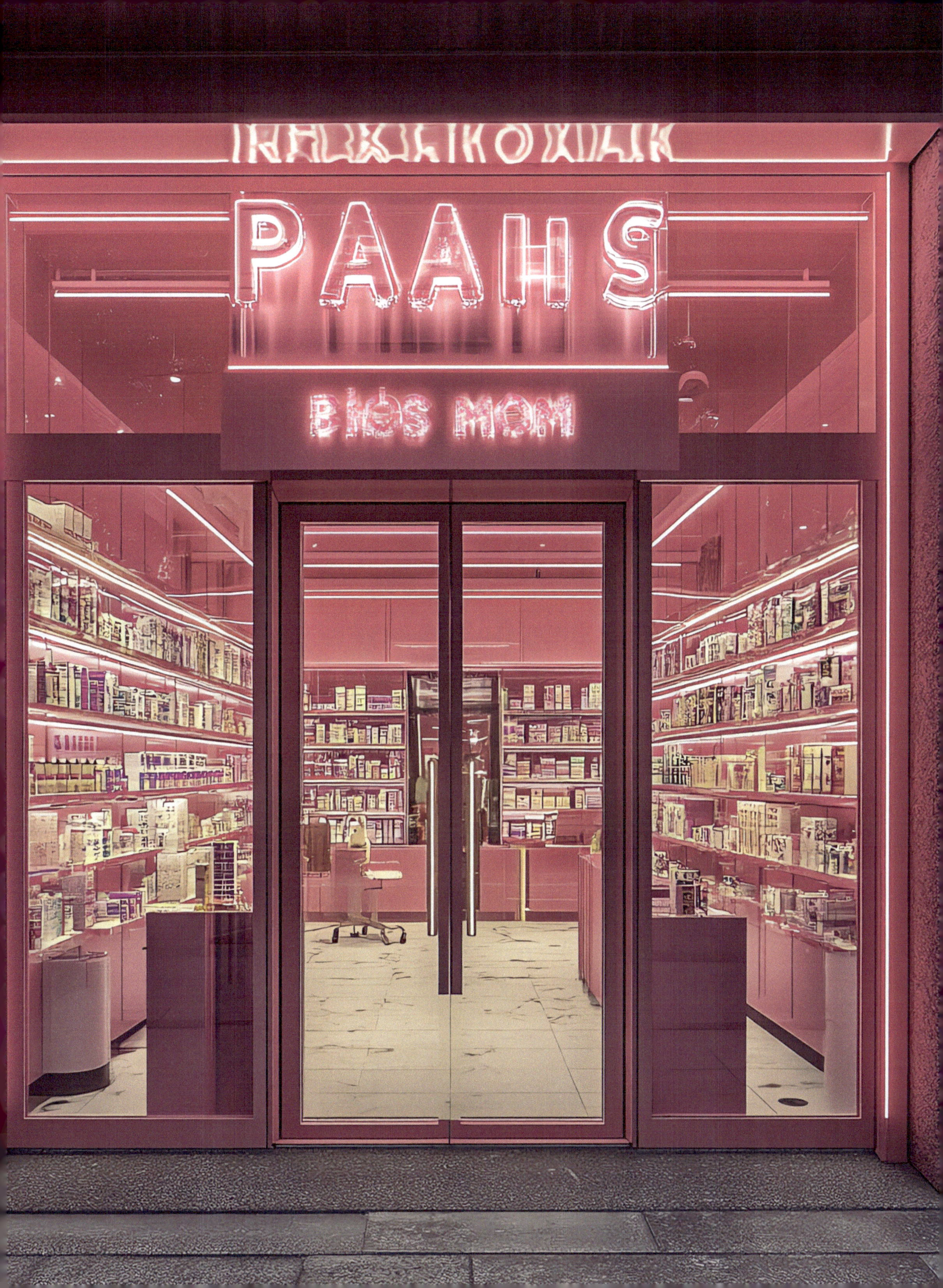
PAAHS

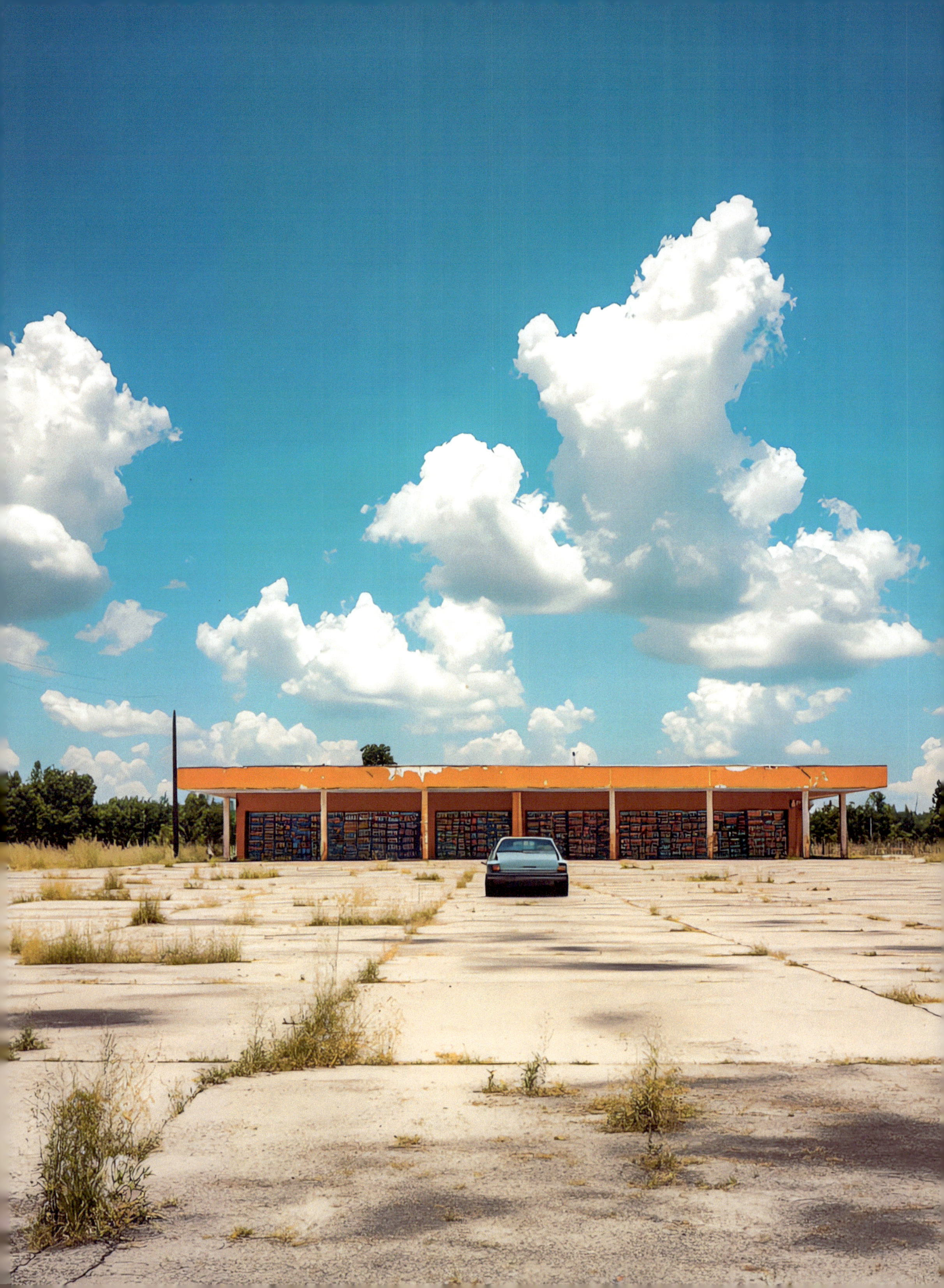

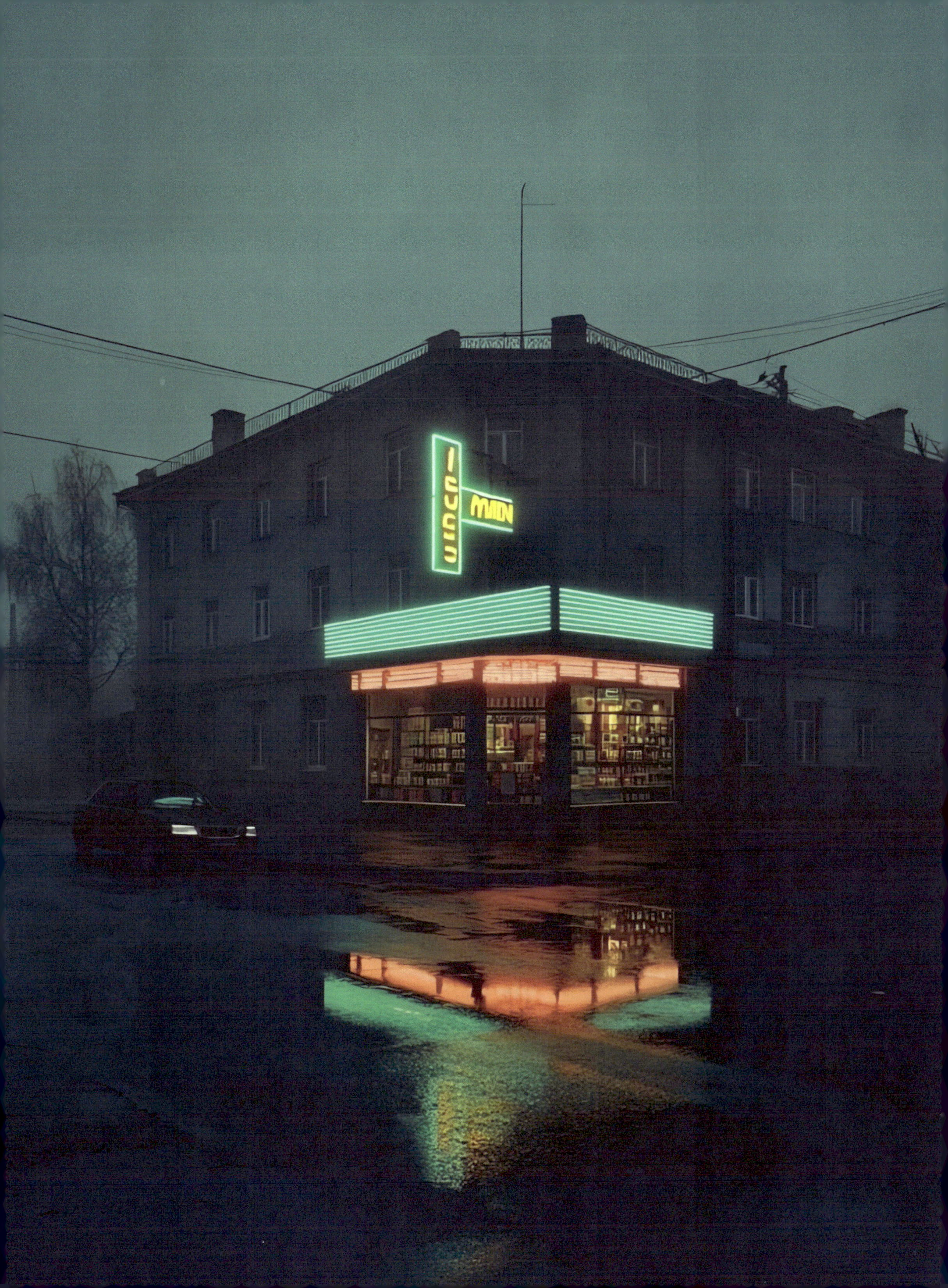

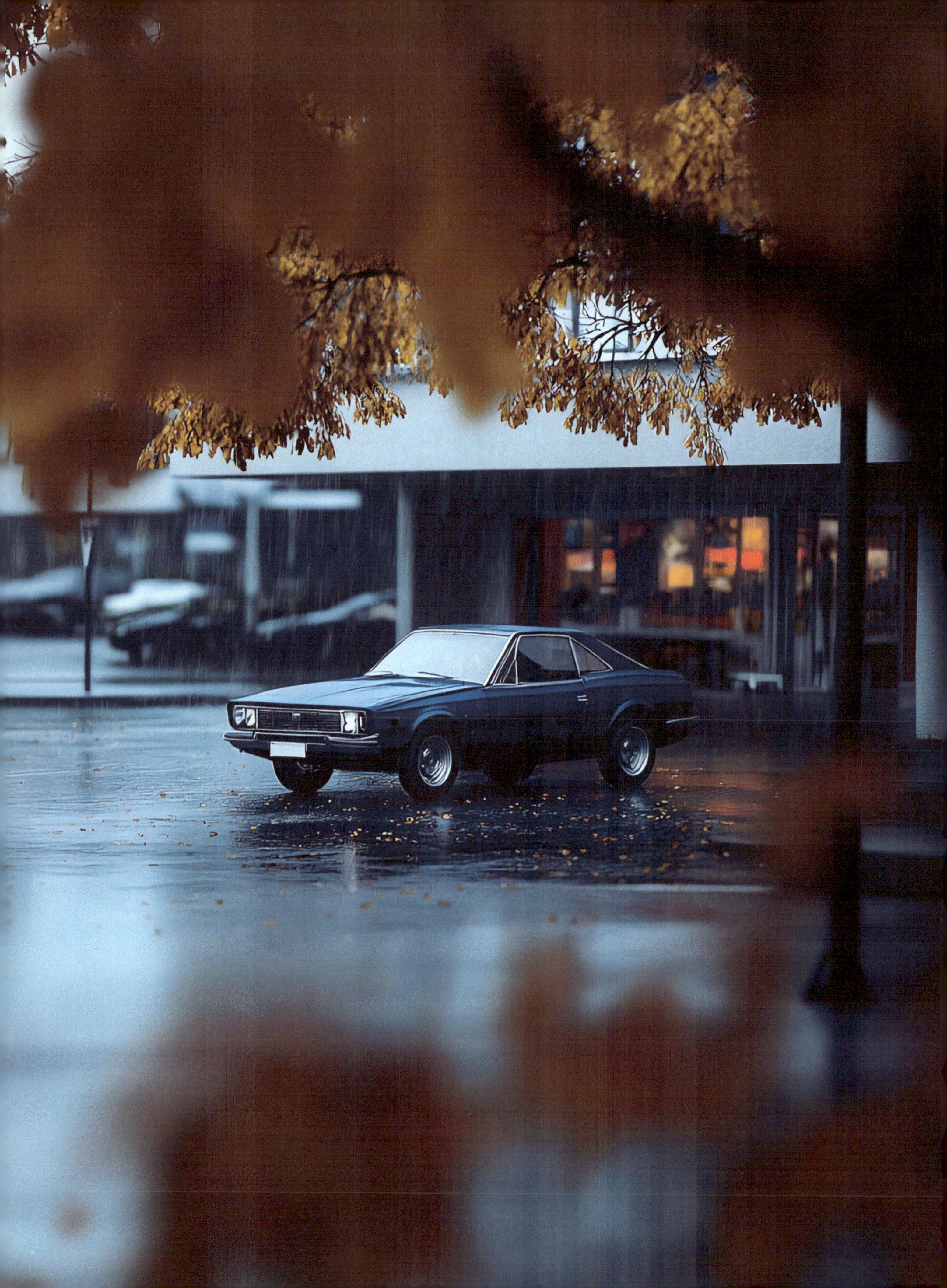

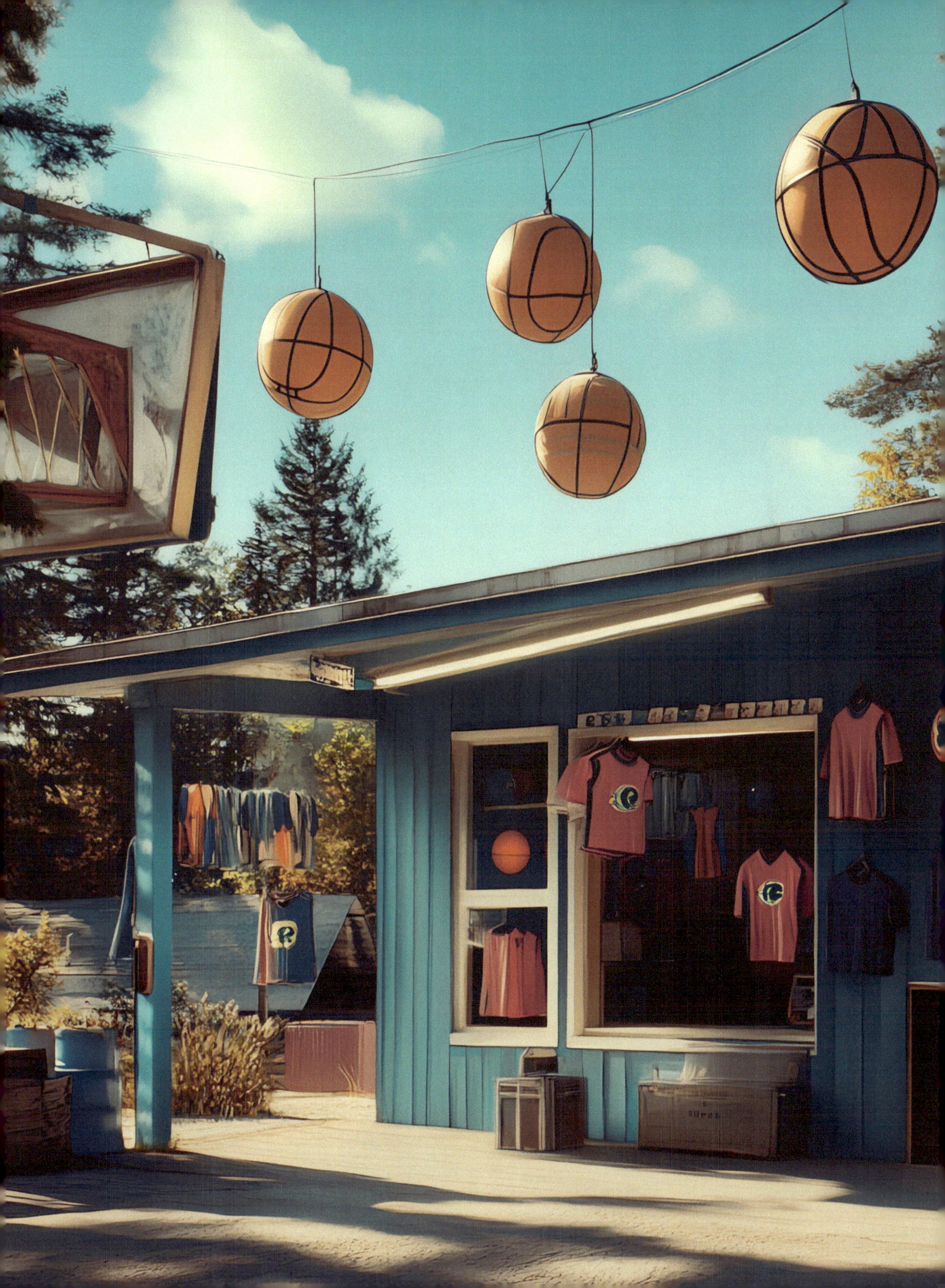

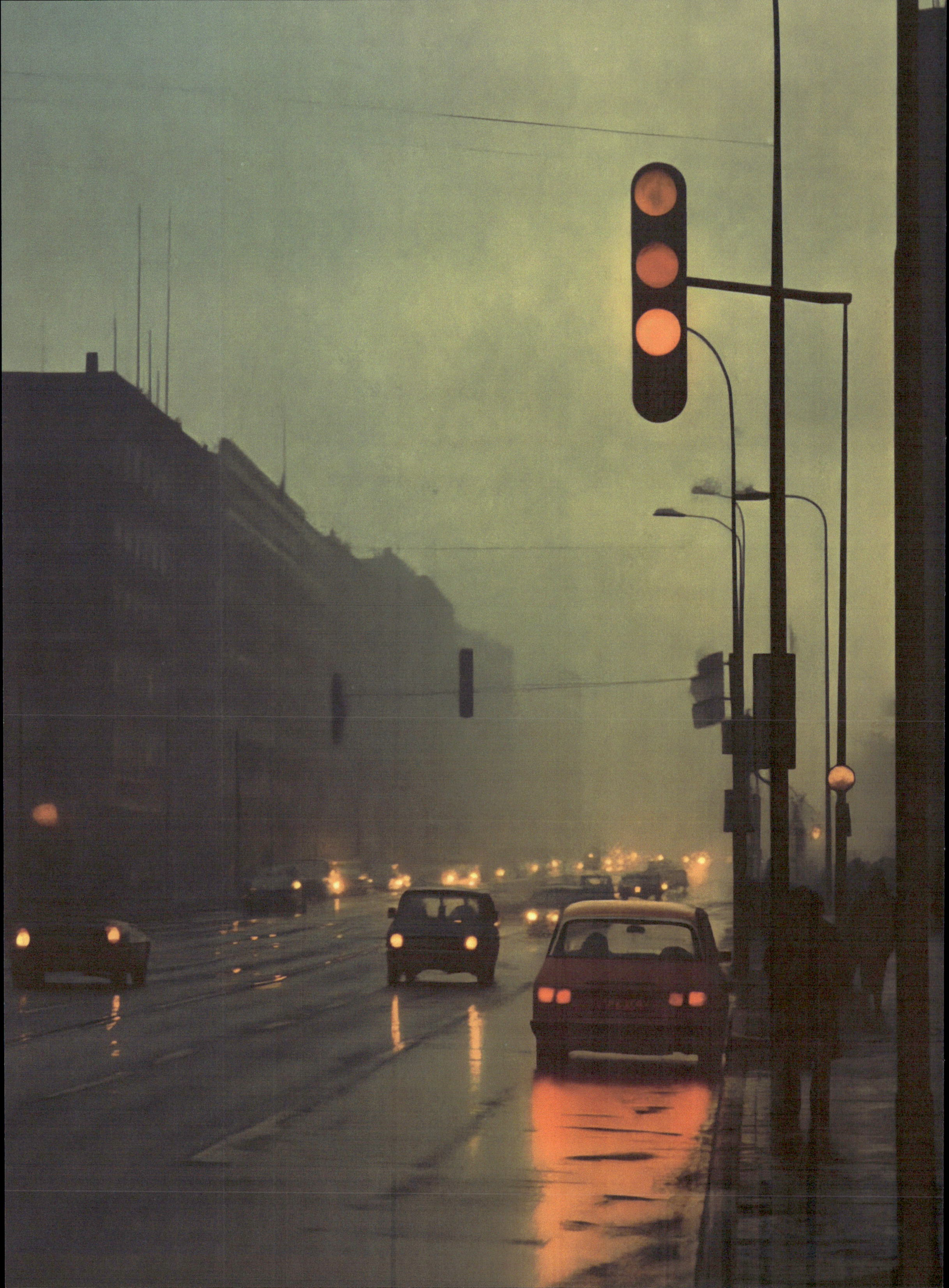

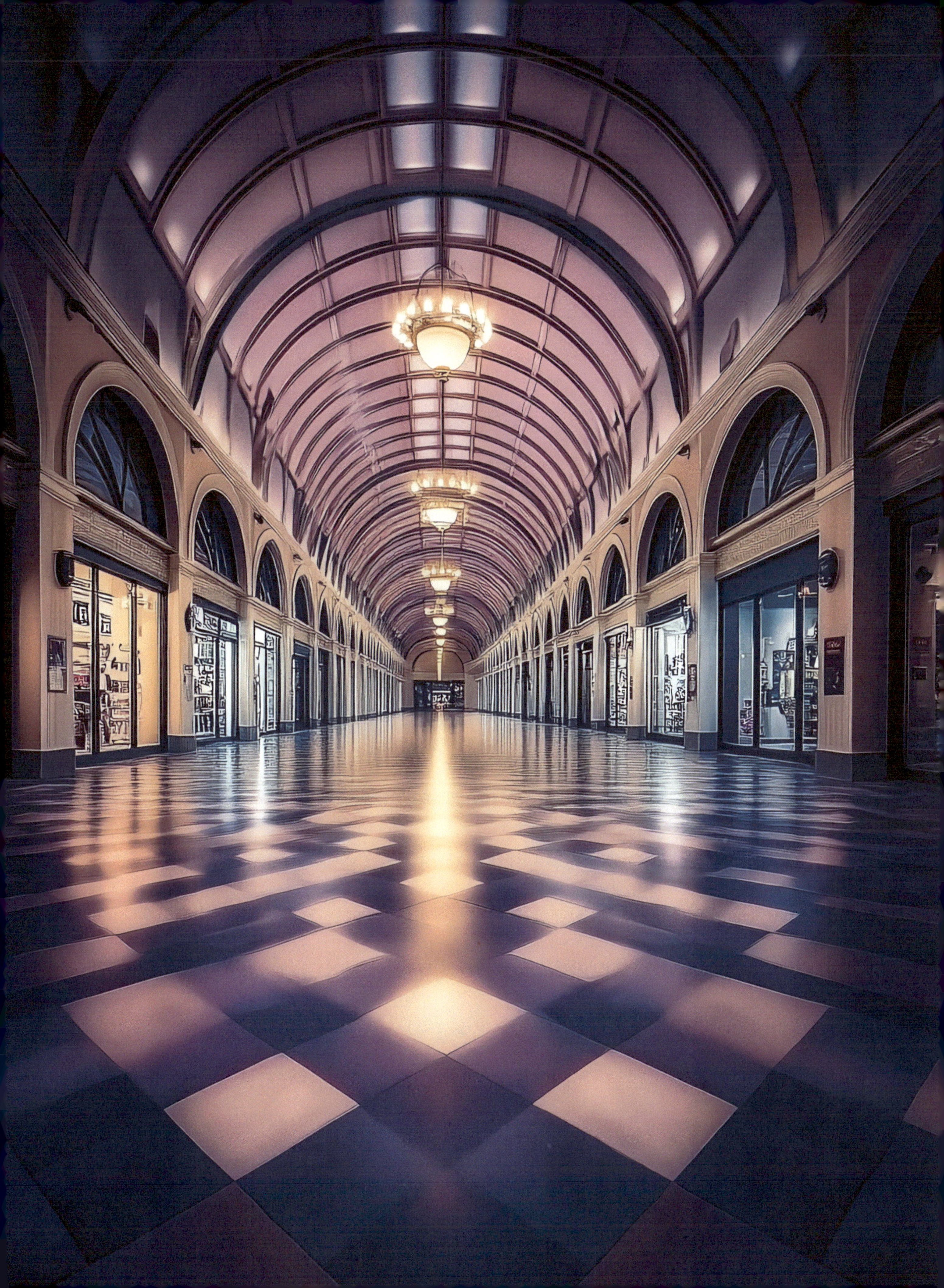

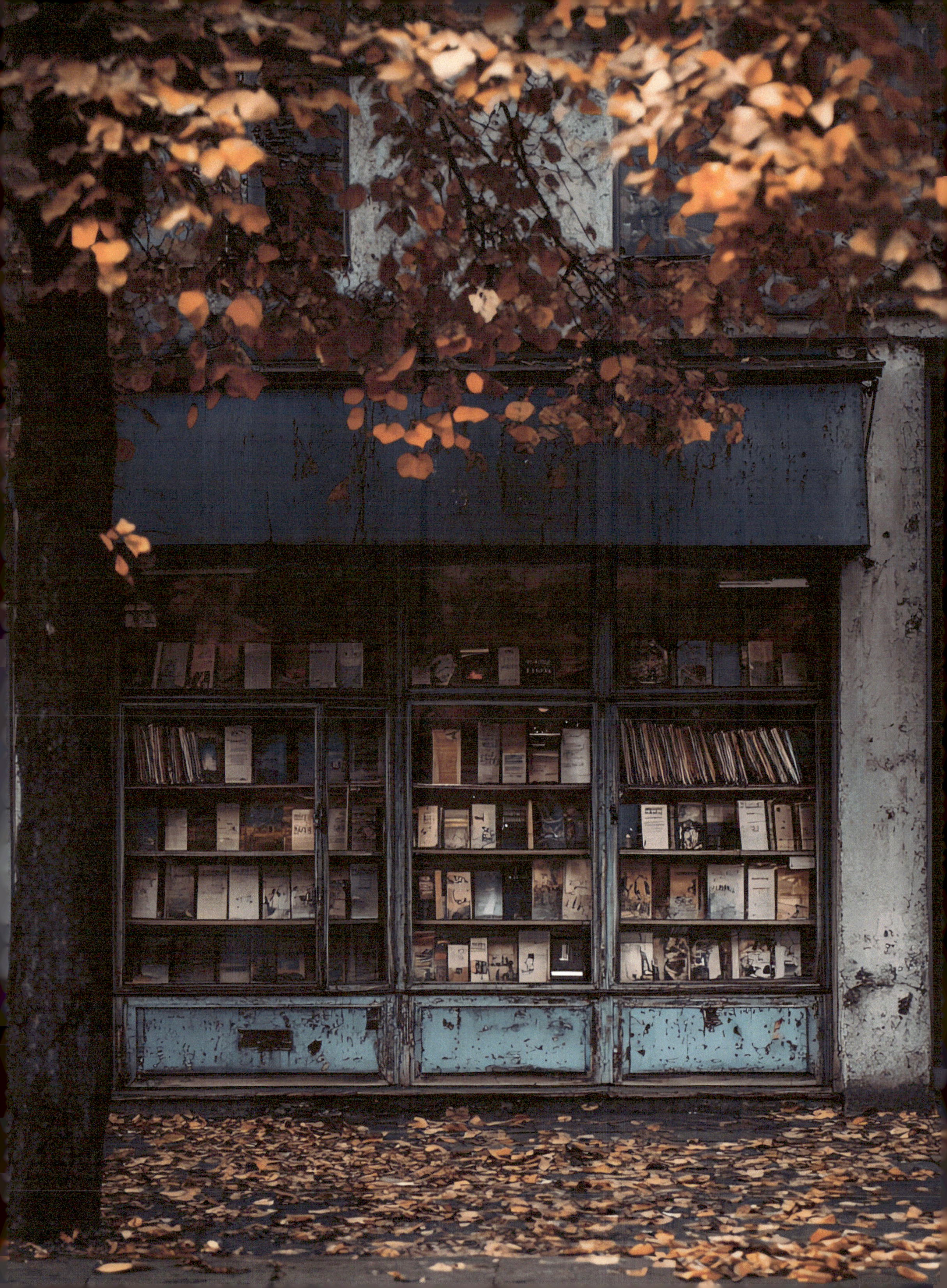

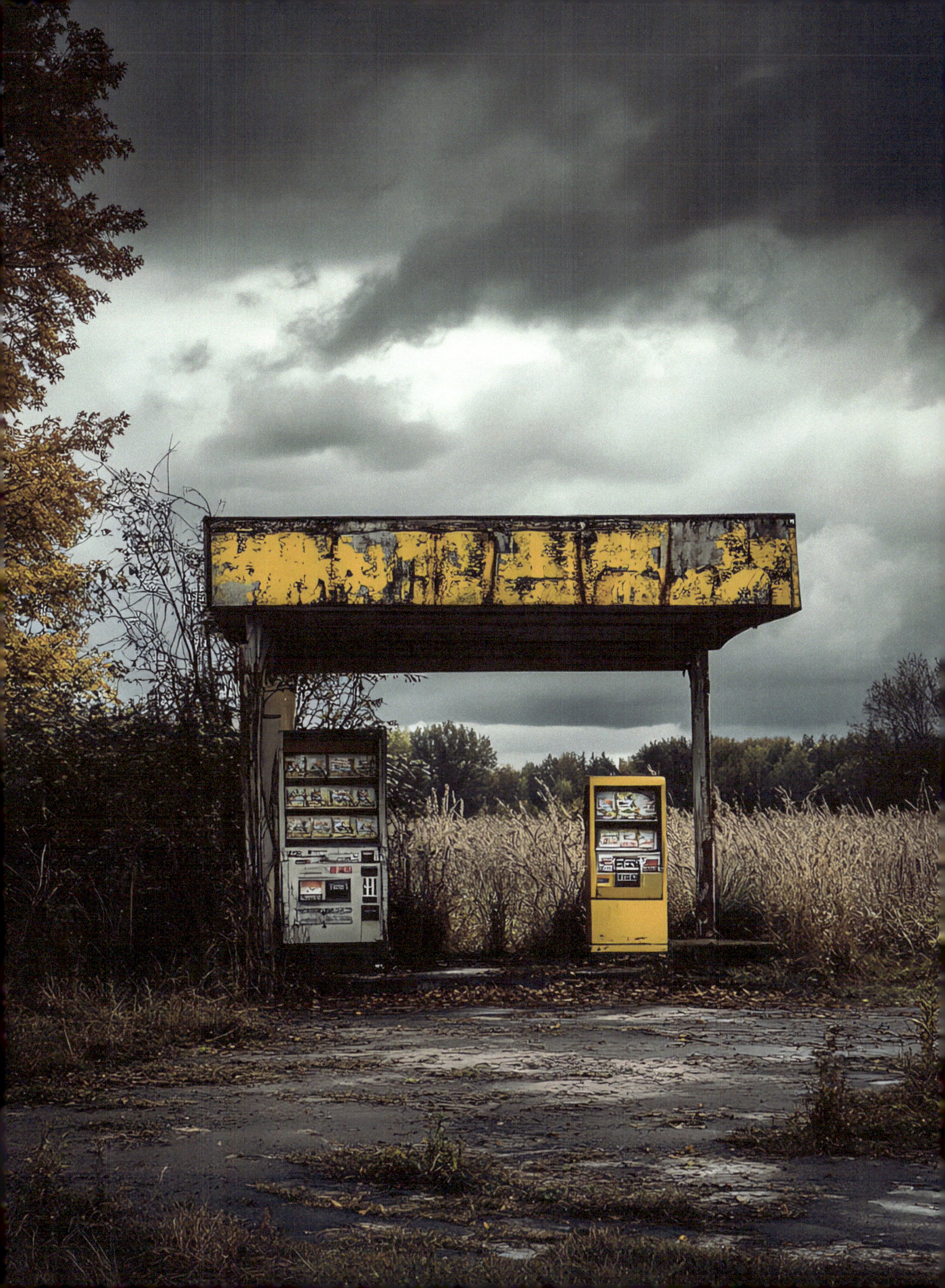

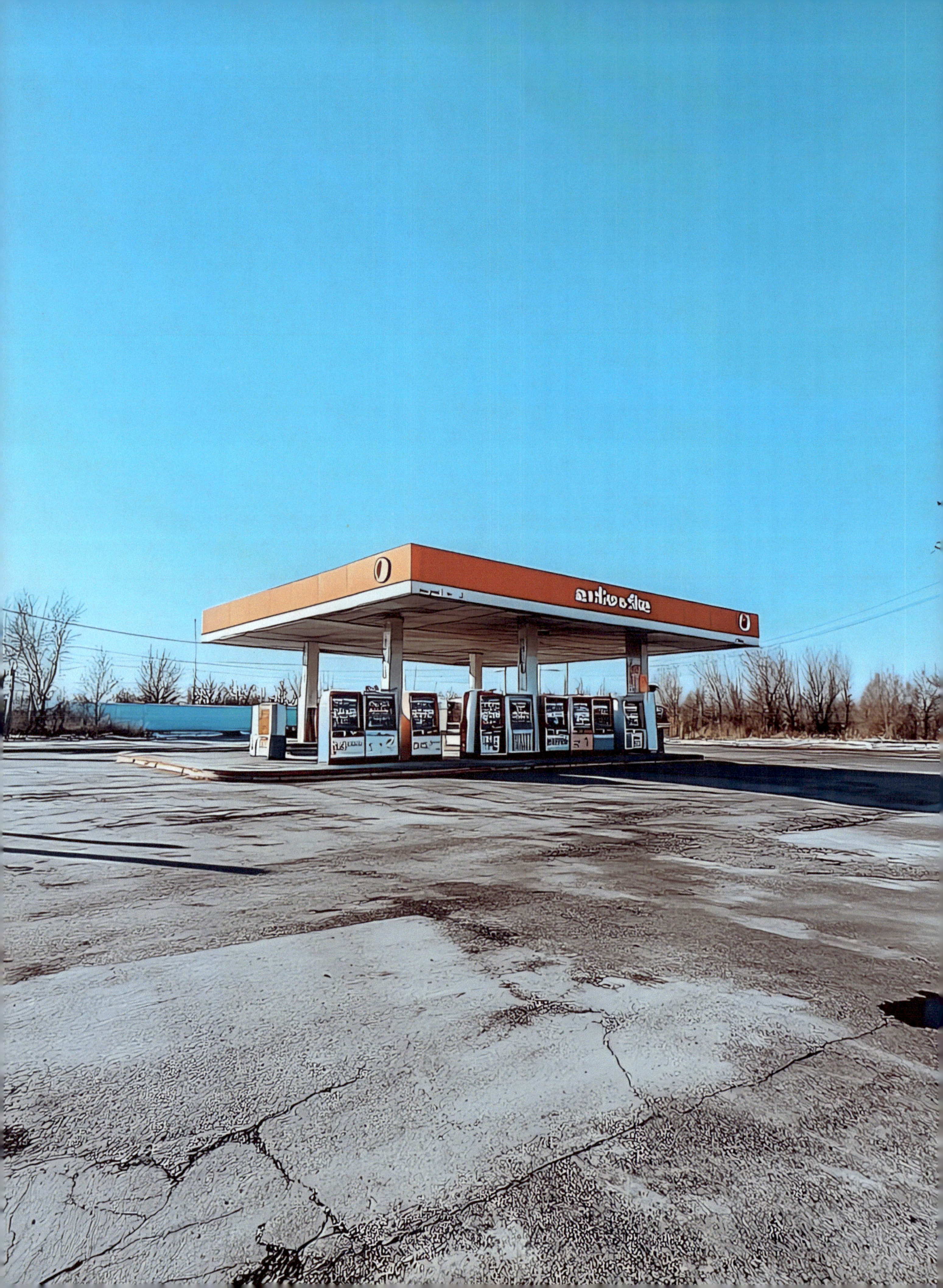

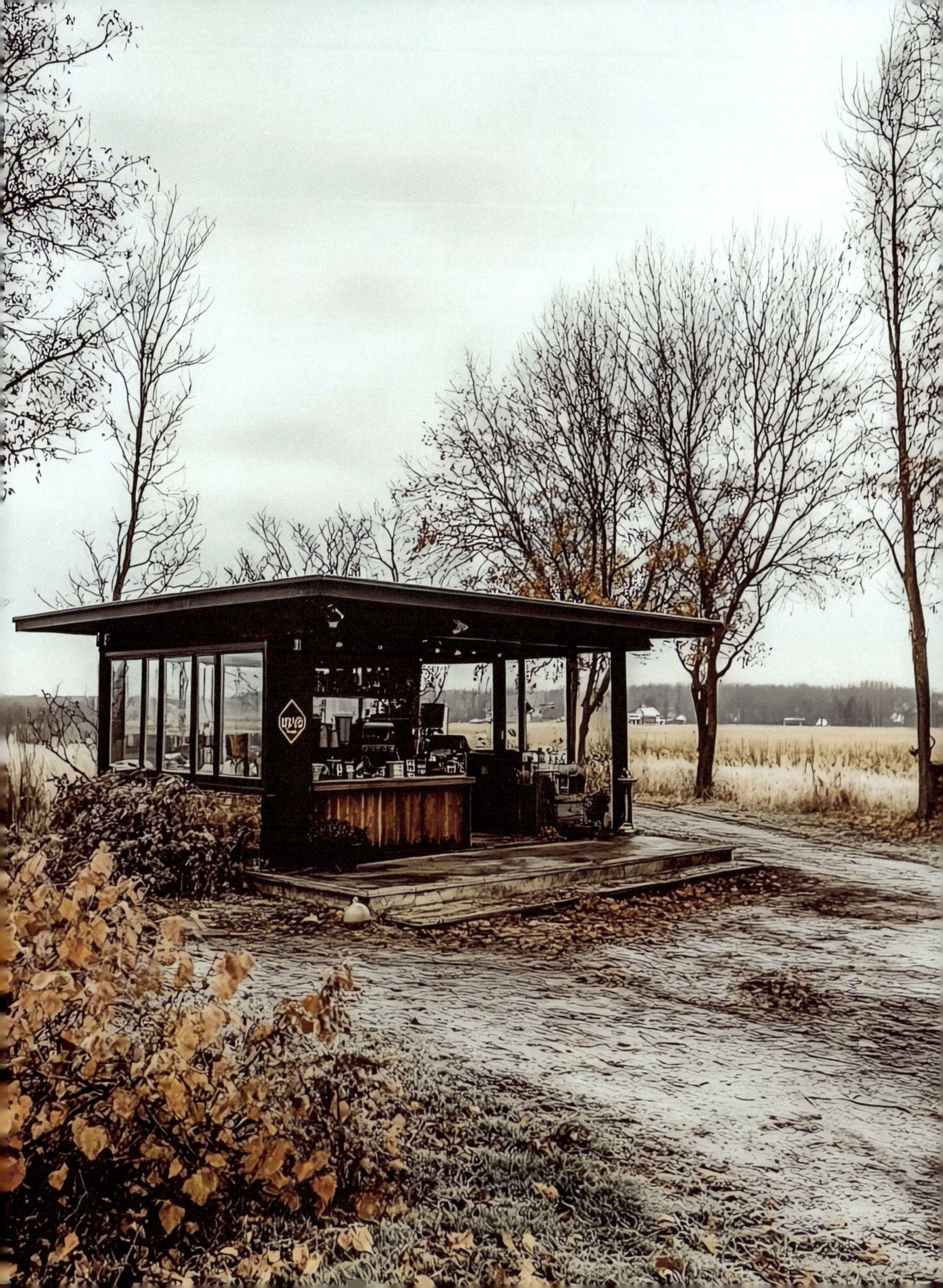

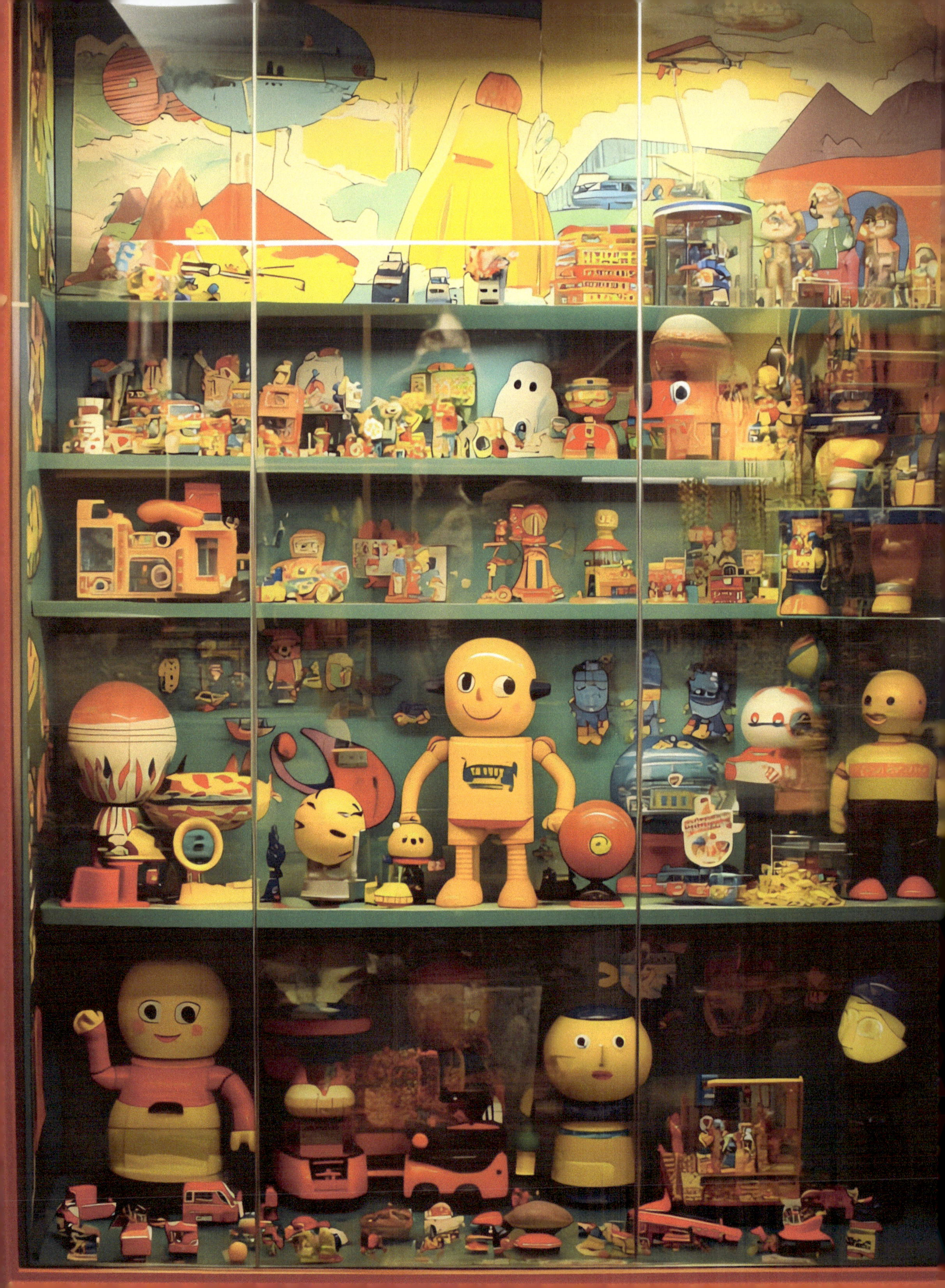

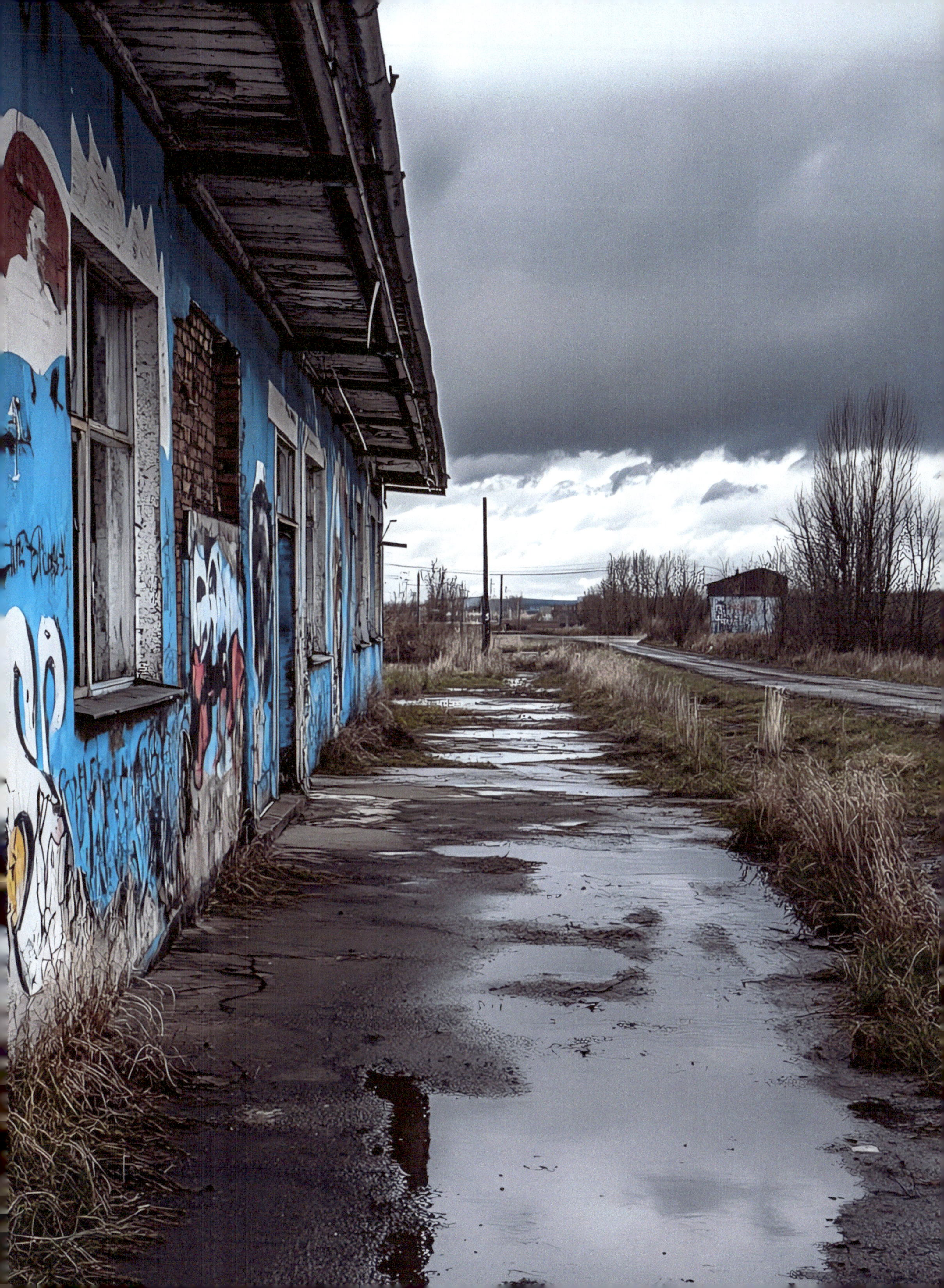

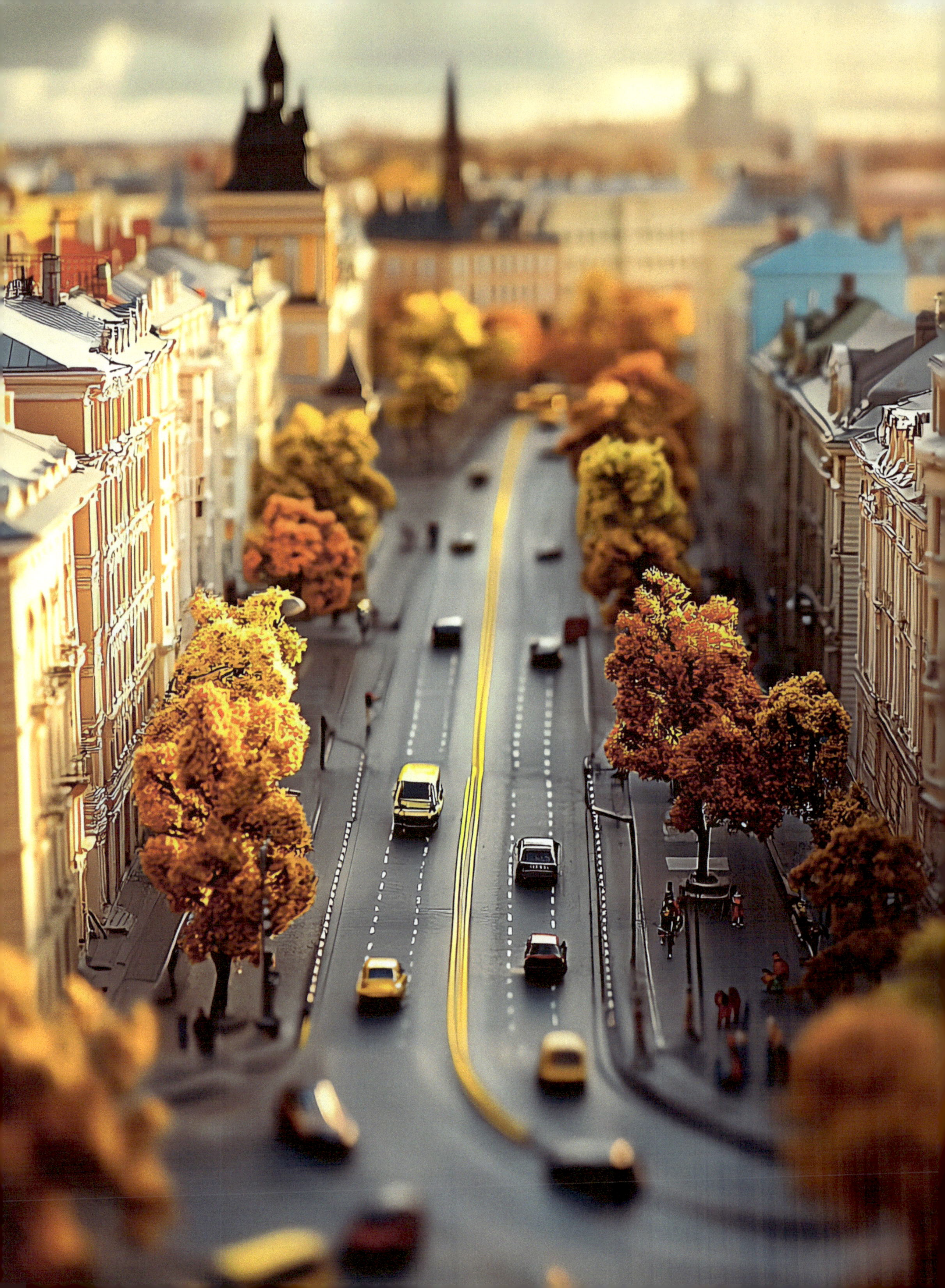

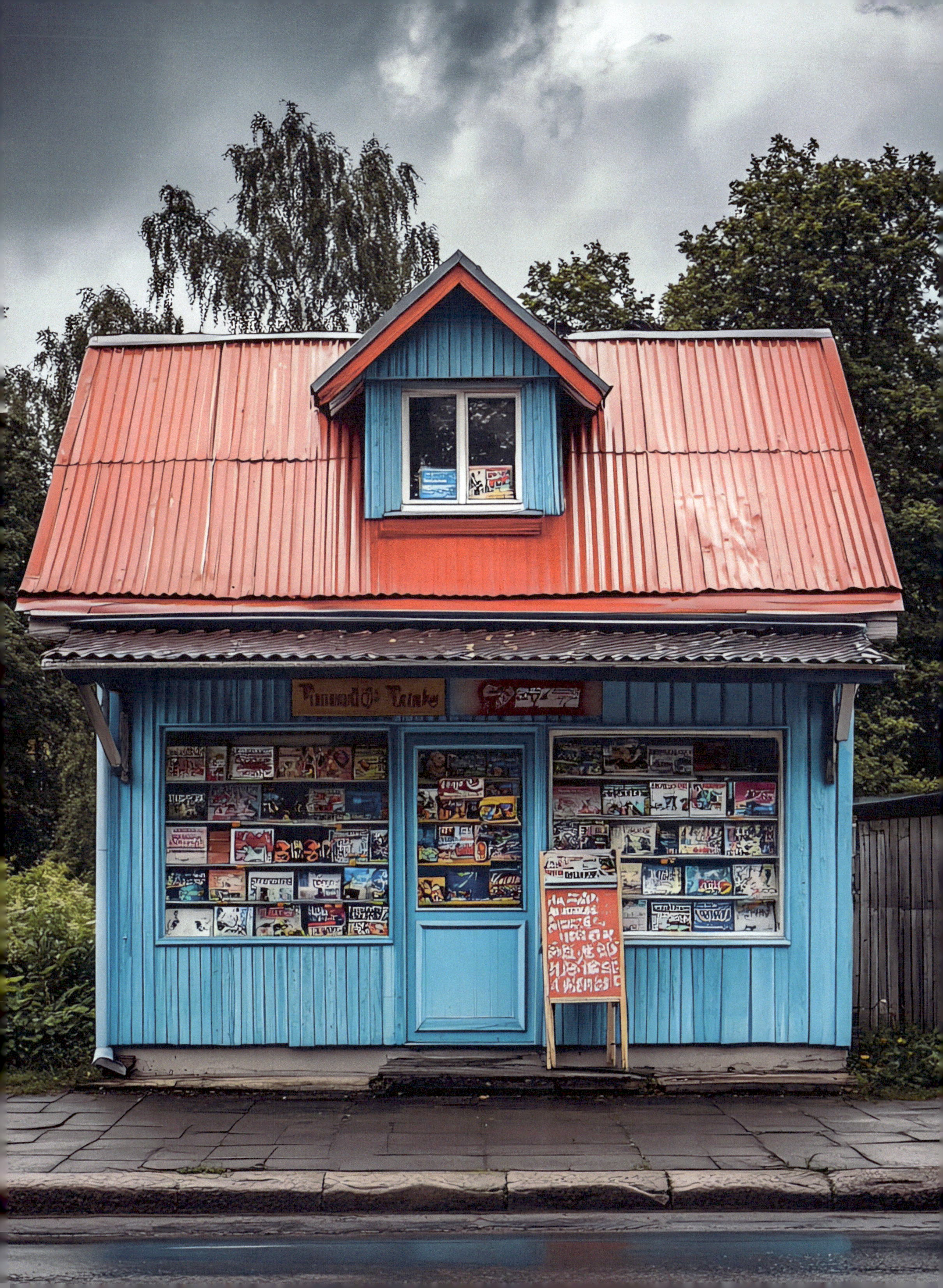

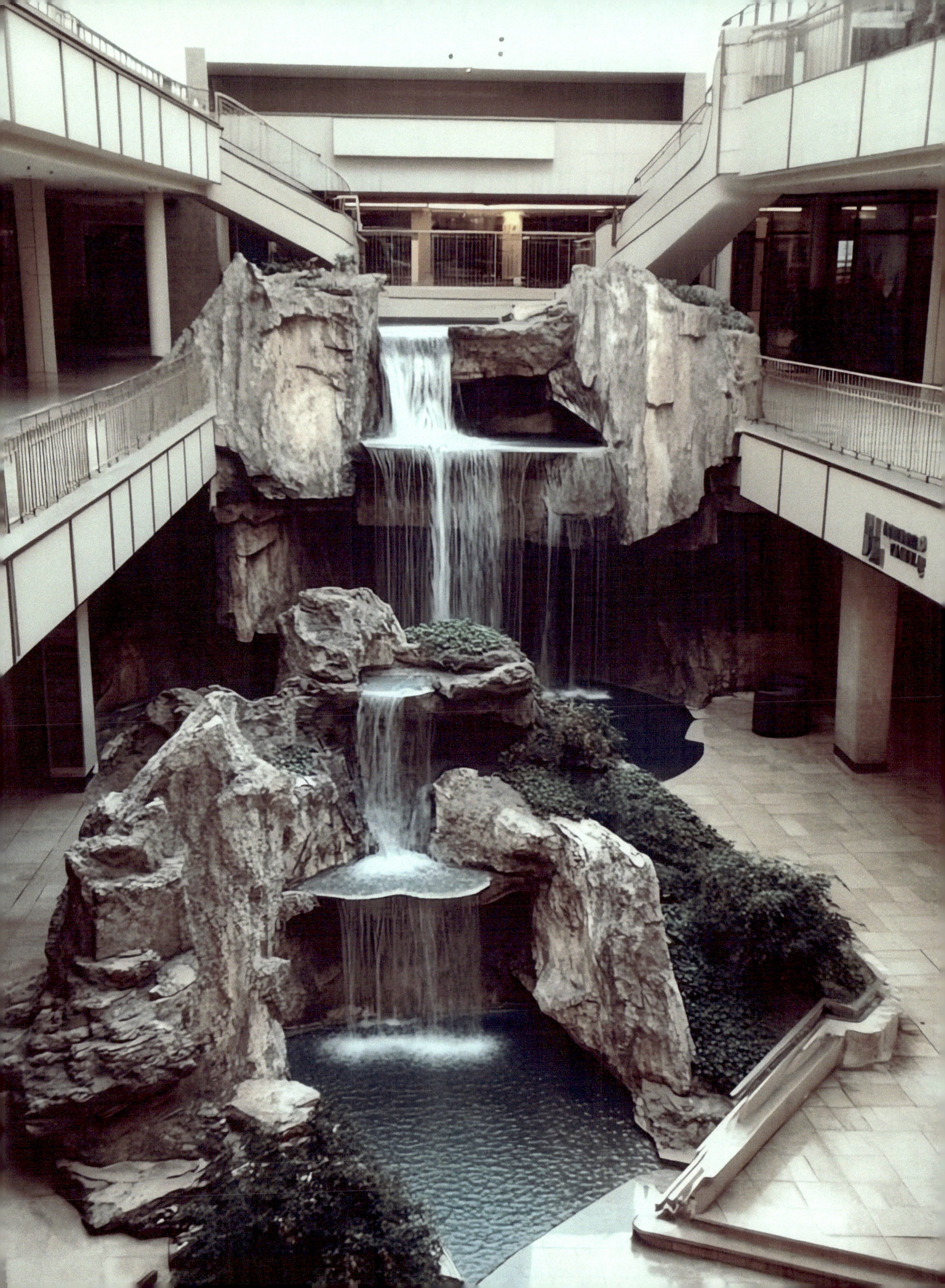

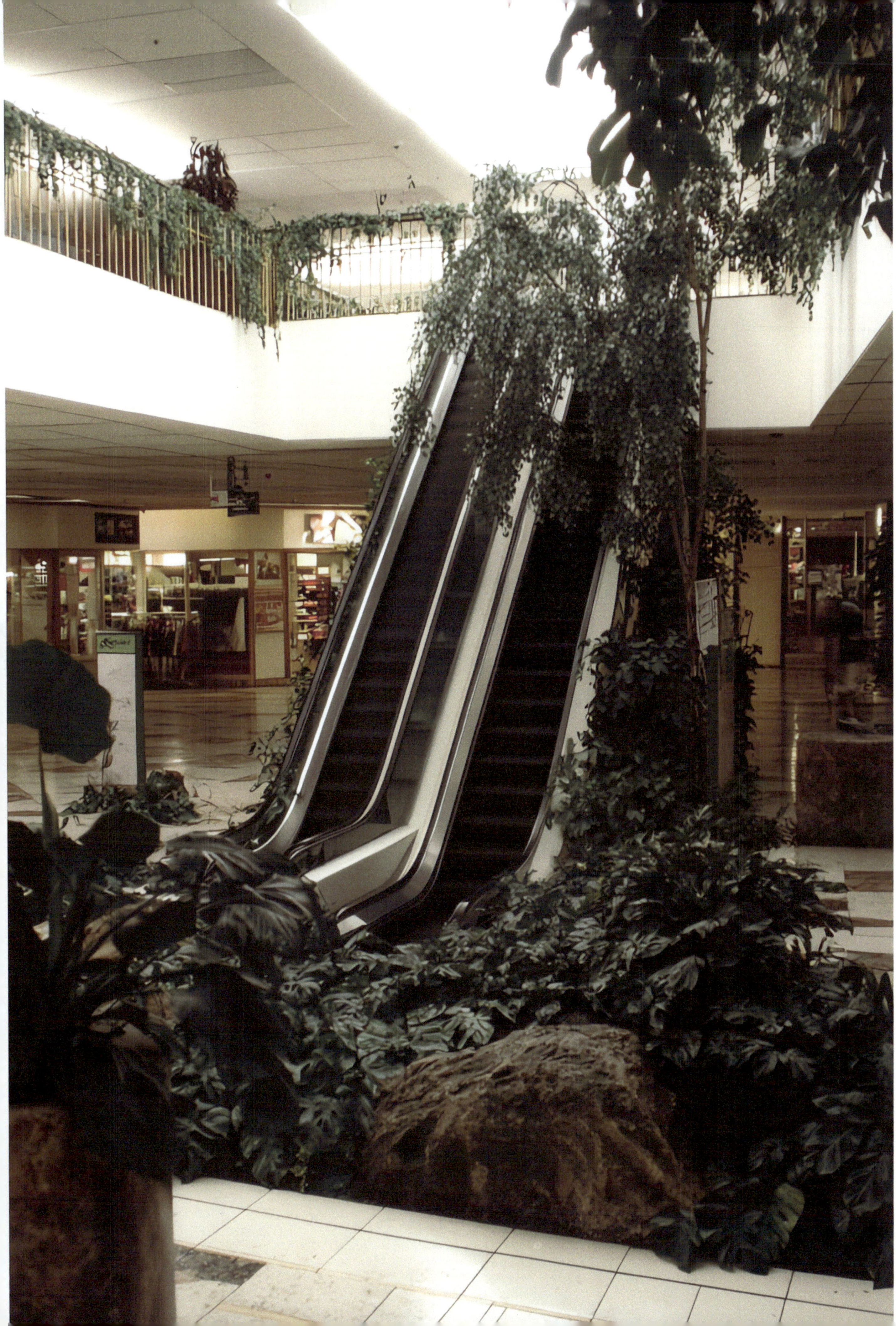

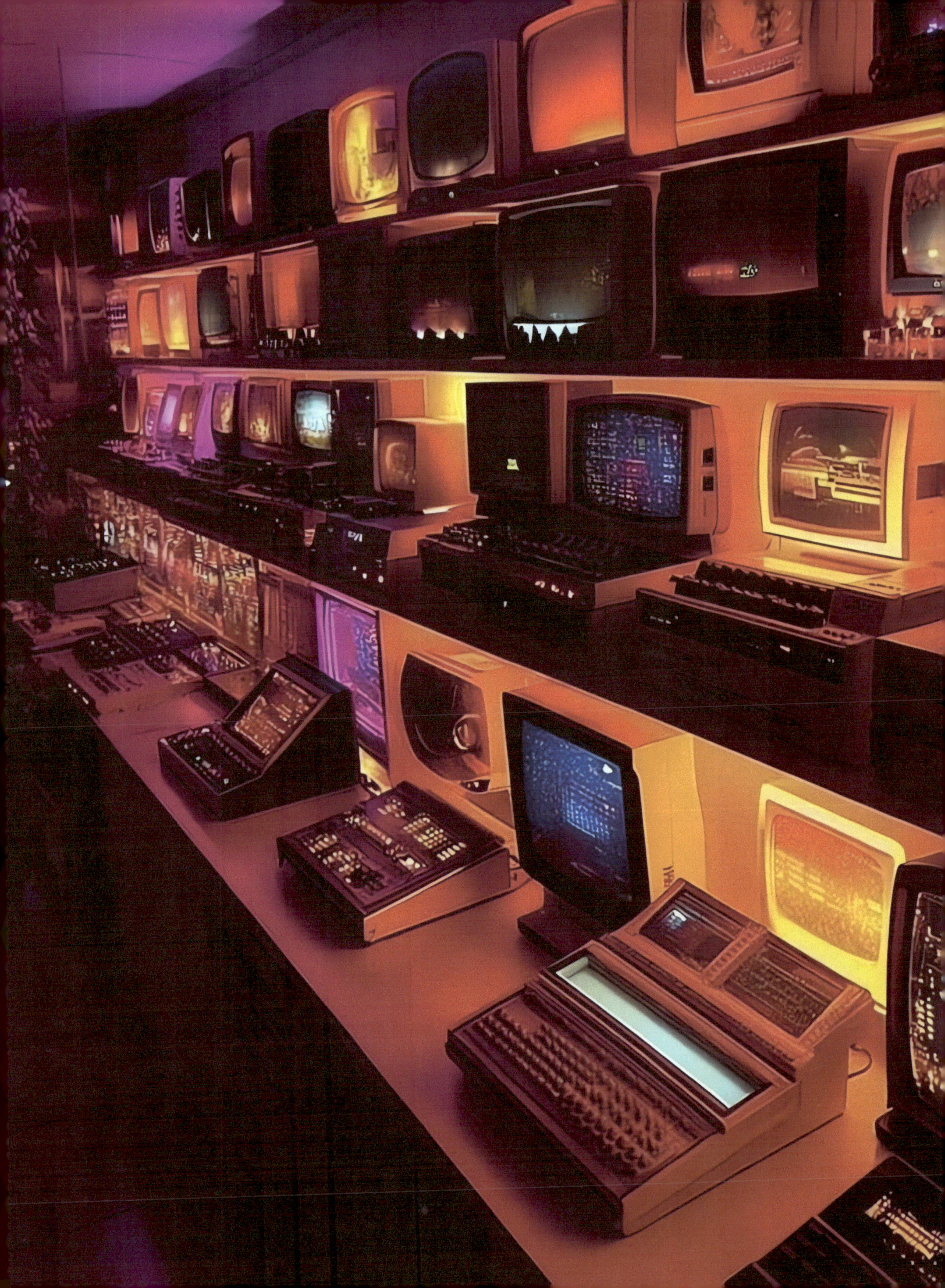

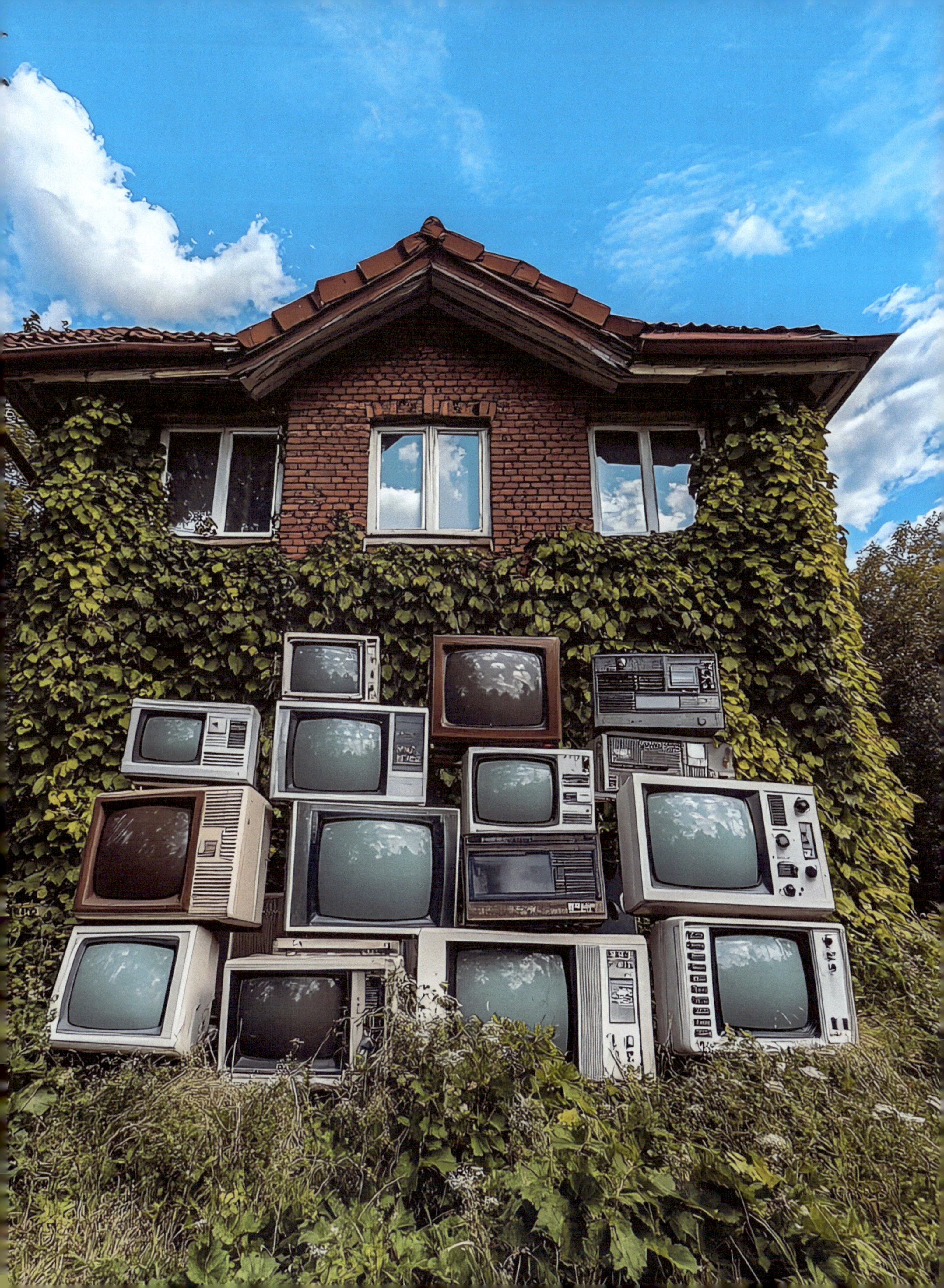

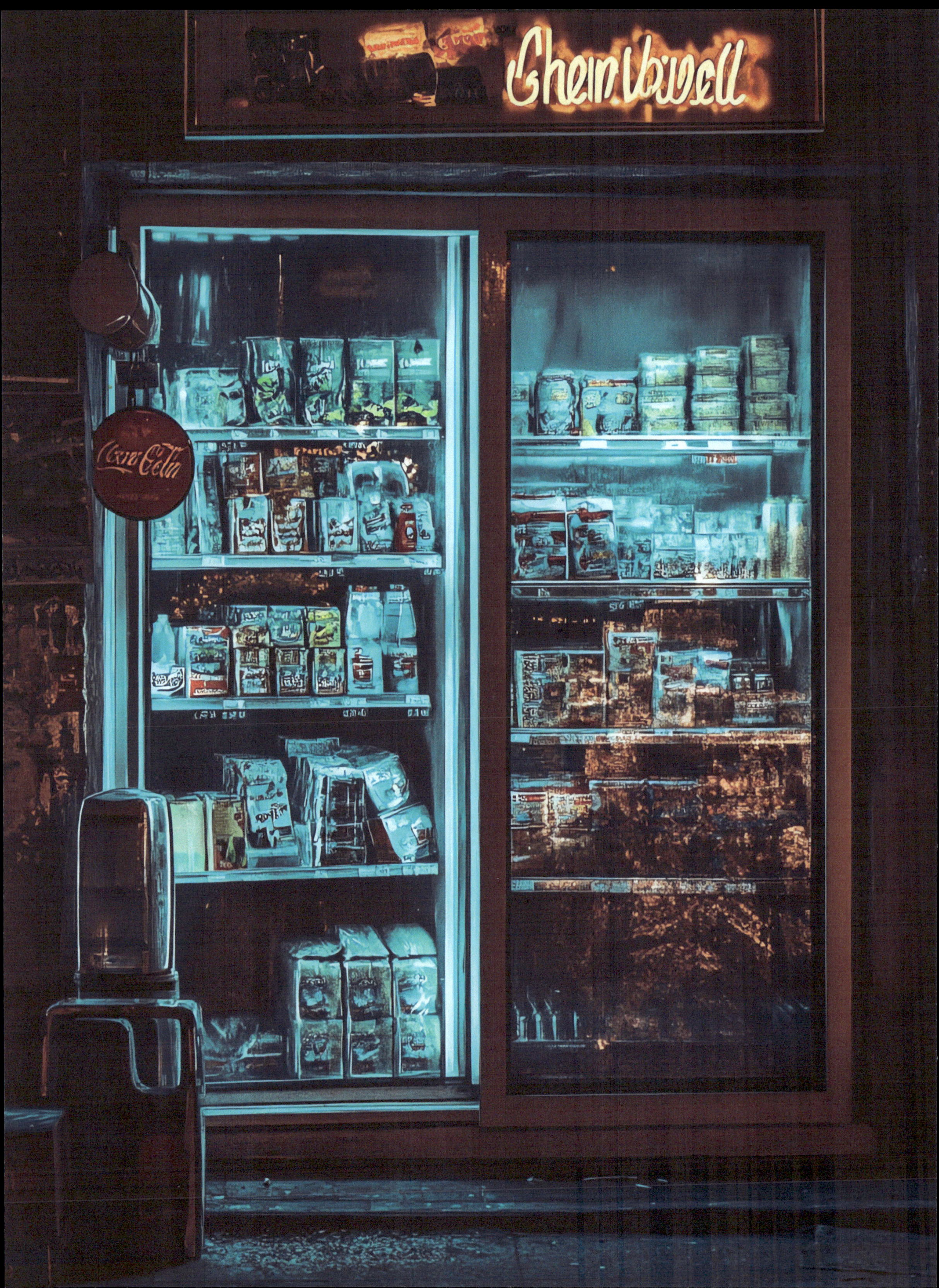

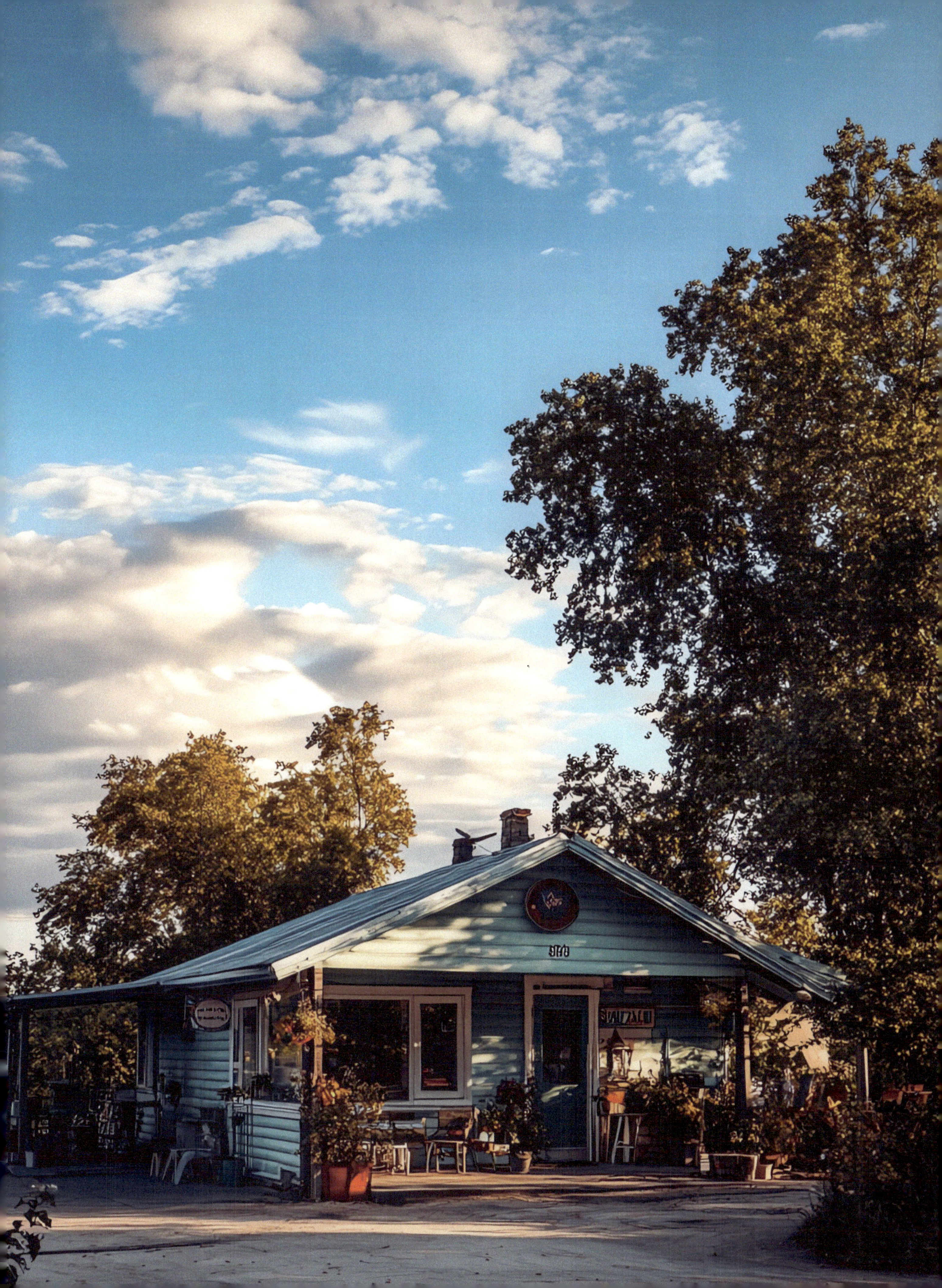

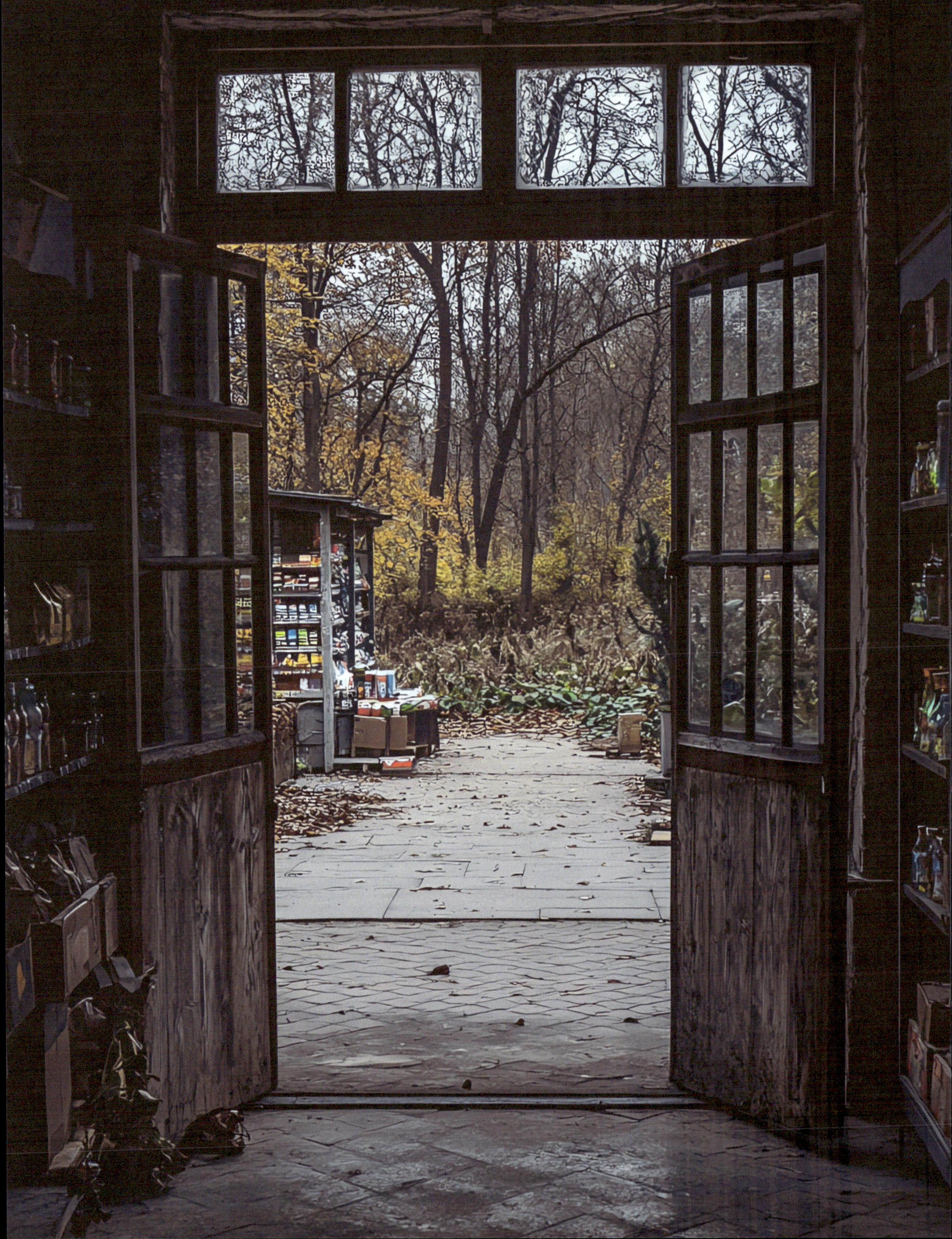